A. Pfennings

Goethes Harzreise im Winter

Verlag
der
Wissenschaften

A. Pfennings

Goethes Harzreise im Winter

ISBN/EAN: 9783957007582

Auflage: 1

Erscheinungsjahr: 2016

Erscheinungsort: Norderstedt, Deutschland

Hergestellt in Europa, USA, Kanada, Australien, Japan
Verlag der Wissenschaften in Hansebooks GmbH, Norderstedt

Cover: Foto ©günther gumhold / pixelio.de

Goethes Harzreise im Winter.

Eine literarische Studie

von

A. Pfennings.

Münster (Westf.).
Verlag von Heinrich Schöningh.
1904.

Dem Geier gleich,
Der auf schweren Morgenwolken
Mit sanftem Fittich ruhend
Nach Beute schaut,
Schwebe mein Lied.

Denn ein Gott hat
Jedem seine Bahn
Vorgezeichnet,
Die der Glückliche
Rasch zum freudigen
Ziele rennt:
Wem aber Unglück
Das Herz zusammenzog,
Er sträubt vergebens
Sich gegen die Schranken
Des ehernen Fadens,
Den die doch bittre Schere
Nur einmal löst.

In Dickichts-Schauer
Drängt sich das rauhe Wild,
Und mit den Sperlingen
Haben längst die Reichen
In ihre Sümpfe sich gesenkt.

Leicht ist's folgen dem Wagen,
Den Fortuna führt,
Wie der gemächliche Troß
Auf gebesserten Wegen
Hinter des Fürsten Einzug.

Aber abseits wer ist's?
Ins Gebüsch verliert sich sein Pfad,
Hinter ihm schlagen
Die Sträuche zusammen,
Das Gras steht wieder auf,
Die Öde verschlingt ihn.

Ach, wer heilet die Schmerzen
Des, dem Balsam zu Gift ward?
Der sich Menschenhaß
Aus der Fülle der Liebe trank?
Erst verachtet, nun ein Verächter,
Zehrt er heimlich auf
Seinen eignen Wert
In ung'nügender Selbstsucht.

Ist auf deinem Psalter,
Vater der Liebe, ein Ton
Seinem Ohre vernehmlich,
So erquicke sein Herz!
Öffne den umwölkten Blick
Über die tausend Quellen
Neben dem Durstenden
In der Wüste.

Der du der Freuden viel schaffst,
Jedem ein überfließend Maß,
Segne die Brüder der Jagd
Auf der Fährte des Wilds

55 Mit jugendlichem Übermut
Fröhlicher Mordsucht,
Späte Rächer des Unbills,
Dem schon Jahre vergeblich
Wehrt mit Knütteln der Bauer.

60 Aber den Einsamen hüll'
In deine Goldwolken!
Umgib mit Wintergrün,
Bis die Rose wieder heranreift,
Die feuchten Haare,
65 O Liebe, deines Dichters!

Mit der dämmernden Fackel
Leuchtest du ihm
Durch die Furten bei Nacht,
Über grundlose Wege
70 Auf öden Gefilden;
Mit dem tausendfarbigen Morgen
Lachst du ins Herz ihm;
Mit dem beizenden Sturm
Trägst du ihn hoch empor;
75 Winterströme stürzen vom Felsen
In seine Psalmen,
Und Altar des lieblichsten Danks
Wird ihm des gefürchteten Gipfels
Schneebehangner Scheitel,
80 Den mit Geisterreihen
Kränzten ahnende Völker.

Du stehst mit unerforschtem Busen
Geheimnisvoll offenbar

Über der erstaunten Welt,
85 Und schaust aus Wolken
Auf ihre Reiche und Herrlichkeit,
Die du aus den Adern deiner Brüder
Neben dir wässerst. [1)]

----

1) Goethes Werke, Weimarer Ausgabe 2, 61—64.

I.

Die „Harzreise im Winter" erschien zum ersten
Male in der Sammelausgabe der Goetheschen Schriften
1789.[1]) Reich an den wundervollsten Einzelheiten, von dem
Hauche unmittelbarer Seelenstimmung durchweht, aber
fragmentarisch in ihrer Ausführung, geheimnisvoll in Ton
und Färbung, hatte sie, nach des Dichters eigenen Worten,
„lange als ein Rätsel unter seinen kleineren Gedichten
Platz gefunden";[2]) erst die beginnende Goethe=Philologie[3])
sollte Anlaß bieten zur Aufhellung dieses Dunkels. Ein
Interpretationsversuch K. L. Kannegießers (1820),[4]) welcher
mehr an als aus dem Gedichte entwickelte,[5]) — ein Ver=

---

1) Göschen 1789, 8, 193—197.

2) Goethes Werke, Weimarer Ausg. 33, 125.

3) Bis etwa 1819 reichen die Anfänge der Goethe-Philologie
zurück, — charakteristisch genug von dem lebhaften Anteile und der
entschiedenen Gunst des Dichters begleitet. Vgl. R. M. Meyer,
J. P. Eckermann, G. Jb. 17, 114 ff., ferner Goethes Außerungen
W. 41¹, 329 und 100 f.

4) Karl Ludwig Kannegießer, Über Goethes Harzreise im Winter,
Prenzlau 1820; wiederholt mit berichtigendem Anhange in „Vorträge
über eine Auswahl von Goethes lyrischen Gedichten," Breslau 1835,
34 ff. Der Verfasser war zur Zeit als Übersetzer bekannt, veröffent=
lichte auch eine Reihe von Abhandlungen philologischen Inhaltes,
weniger glücklich versuchte er sich als Dichter. Vgl. Allg. dtsche.
Biogr. 15, 78 ff.

5) W. 41¹, 339. — Kannegießer ahnte zwar mit richtigem Ge=
fühle, daß „die Empfindung nicht die allgemeinen Farben der Phan=

fahren, sehr erklärlich bei dem völligen Mangel greifbarer Anhaltspunkte, aber wenig fruchtbar, auf den Lyriker individuellster Empfindung angewandt! — fand zwar Goethes freundliche Anerkennung, bewog ihn aber, mit der Veröffentlichung seiner Noten zur Harzreise in „Kunst und Altertum" (1821) nun seinerseits dem Leser einen ebenso einfachen, wie überraschenden Weg des Verständnisses zu erschließen.[1])

Indem Goethe für alle seine poetischen Schöpfungen, namentlich die kleineren lyrischen den Charakter der Gelegenheitsdichtung, jenes eigenartigen Emporwachsens aus vollem Anschauen und Erleben, nachdrücklich betont und so zugleich hindeutet auf die Quelle ihrer unendlichen Mannigfaltigkeit, doch auch der Schwierigkeit tieferen Eindringens,[2]) stellt er, nach prinzipieller Festlegung dieses Ausgangspunktes, auch die „Harzreise" auf den Boden

---

tasie, sondern die der besonderen Gegend und Jahreszeit trägt" (Über Goethes Harzreise u. s. w., S. 19), im übrigen beschränkt er sich wesentlich auf Umschreibung, wobei seine Auffassung deutlichen Einfluß des Zeitcharakters (romantischer Teutonismus, vgl. a. a. O. 17) verrät.

1) „Über Goethes Harzreise im Winter, Einladungsschrift von Dr. Kannegießer, Dez. 1820," in „Über Kunst und Altertum," 1821, 3, 2, 43 (W. 41¹, 328—37). Das „vom Verfasser freundlich zugesandte Heft" hat auf Goethe den Eindruck gemacht, daß „sein werter Kommentator so vollkommen zum Verständnis des Inhaltes gelangt sei, als es ohne die Kenntnis der besonders vorwaltenden Umstände möglich gewesen," und, diesen Ausgangspunkt zugegeben, glaubt er, „die kleine gehaltreiche Arbeit durchaus billigen und mit Dank anerkennen zu dürfen" (W. 41, 339).

2) W. 41, 329. — Auf die Einheitlichkeit dieses inneren Entstehungsgrundes, diese Grundrichtung verweist Goethe wiederholt, u. a. D. W., W. 26, 3—5; 27, 109. — Komm., W. 33, 195. — Eckermann, Gespräche mit G., 1876⁴, 1, 39 (18. Sept. 1823).

der Realität und rückt sie damit in eine neue, reizvolle
Beleuchtung.¹) Beruht sie doch, wie phantastisch auch
mancher Punkt erscheinen mag,²) auf ganz bestimmten
Anlässen, ja, bezieht sich sogar „auf die allerbesondersten
Umstände,"³) welche, bisher in ihrer individuellen Bedingt-
heit unbekannt, die Auslegung wesentlich erschweren mußten
und die er deshalb in ihren Hauptzügen nahe zu bringen
sucht. Die „sonderbaren Bilder" vergangener Jahre, welche
durch Kannegießers „teilnehmende Anfrage aufgeregt", „aus
den letheischen Fluten" wieder emporsteigen,⁴) gestaltet der
Dichter in seiner reifen, zurückschauenden Art zum Muster
einer Interpretation, die sich immer in der Mitte „zwischen
dem Wirklichen und Ideellen zu halten habe."⁵)

Eine Episode der „Campagne in Frankreich"
(1822) trat mit weiteren Aufklärungen hinzu.⁶) Obwohl viel

----

1) „Weil auf einer wirklichen, doch würdigen Base emporgehoben,"
(W. 41, 339).

2) W. 41, 336. — 3) W. 41, 336 und 330.

4) W. 41, 328. Vgl. Tages- und Jahreshefte, W. 36¹, 179:
„Aufgeregt durch teilnehmende Anfrage schrieb ich einen Kommentar
zu dem abstrusen Gedicht „Harzreise im Winter". Ähnlich W. 36²,
292 f. — 5) W. 41, 335.

6) Vergl. den Abschnitt „Duisburg, November," W. 33, 208
bis 239. Anknüpfend an den Besuch bei F. W. L. Plessing in Duisburg zeichnet Goethe Erinnerungen auf, welche sich an seine früheren
Beziehungen zu Pl. und die Harzreise 1777 schließen, und zwar, wie
überhaupt in den letzten Teilen der Camp., in allgemeinerer Motivierung. Die Veranlassung zu dem ausgedehnten Rückblicke
mag vielleicht in dem kurz vorher wiedergeweckten Interesse an dem
Gedichte zu suchen sein, um so wahrscheinlicher, als in dem Schema
(W. 33, 362 ff.) sowie in den sonstigen Paralipomena nirgends Duisburg und Pl. Erwähnung finden. G. scheint übrigens Anhaltspunkte
auch in den Notizen späterer Harzreisen gesucht zu haben: vgl. N.S. 9,

umfangreicher und eingehender, kann sie für die Harzreise doch nur als teilweiser und nur unter bestimmten Gesichts= punkten Ergänzung bietender Kommentar betrachtet werden.

Zwei „sinnige Rückblicke“ des greisen Dichters[1]), welche der Harzreise höheres Interesse leihen!

So sehr diese fast gleichzeitigen Eröffnungen sich in ihrer Anschaulichkeit den lebendigsten Schilderungen von „Dichtung und Wahrheit“ nähern, so wenig verleugnen sie auch den allgemeinen Charakter von Goethes biographi= schen Aufzeichnungen; denn eine künstlerische Tendenz übt unverkennbar ihren bewußt gliedernden Einfluß, sowohl in der knappen Linienführung des Kommentares, als in dem weiter ausgreifenden Zeit= und Reisebilde der Cam= pagne. Auch Erinnerungsfehler fließen mit ein.[2]) — Im wesentlichen wird nur der Rahmen des äußeren Erleb= nisses gezogen. Nichts von den tieferen Momenten, den Bedingungen jener einheitlichen Grundstimmung, welche wie ein zarter Duft über dem Ganzen ruht: nur ein Hinweis auf eine „Epoche, die unter seinen biographischen Ver= suchen eine bedeutende Stelle einnehmen“ würde; nur eine

---

408, wo eine Stelle obigen Abschnittes aus der Camp. (W. 33, 226, 23 f.) wohl irrtümlich als „vorläufige Notiz“ zum „Geognostischen Tagebuch einer Harzreise“ gefaßt wird.

1) W. 36², 293.

2) Kleine Ungenauigkeiten dieser Art liegen vor, wenn G. sich als bloßen „Gast“ in Weimar bezeichnet, während er doch schon seit 11. Juni 1776 durch feste Anstellung gebunden war; wenn er die Jahreszahl mit 1776 statt mit 1777 ansetzt; wenn er bemerkt, daß er nach Be= endigung der Reise noch „die tagtäglichen heroischen Freuden“ „der Brüder der Jagd“ geteilt habe, obwohl er nach dem Tagebuche (Tb. 1, 58) schon am folgenden Tage in Weimar anlangte u. s. w. Vgl. W. 33, 213 und 220; 41, 338.

Anspielung auf „Tage", die für ihn „sehr bedeutend"
waren![1]) Die ganze Lebhaftigkeit der Erinnerung hinzu=
genommen, die Art und Weise, wie die Ereignisse entfernter
Zeiten sich dem Dichter „leuchtend" aufdrängen,[2]) finden
jene Andeutungen wohl schwerlich eine volle Erklärung in
den berichteten Umständen und Einzelheiten, welche sich
gleichsam nur als die Peripherie der Wirklichkeit erweisen,
— namentlich dann nicht, wenn, wie bei Goethe, das
innerste ureigene Erlebnis den Keim der Dichtung bildet.

Der Bedeutung dieser Reflexe wäre mithin nachzu=
gehen!

Was Goethe vielleicht noch künftiger Behandlung vor=
behalten,[3]) was die Aufzeichnungen einer spätern Epoche
nie in voller Ursprünglichkeit zu bieten vermögen, dies
alles läßt eine Vertiefung in die unmittelbaren Zeugnisse
jener Tage ahnen, nämlich in die später zugänglich gewor=
denen Briefe Goethes an Frau von Stein und in die
gleichzeitigen Tagebuchnotizen.[4]) Die kleine Serie von

---

1) W. 41, 330 und 328.

2) Vgl. W. 36², 294. (Biographische Einzelheiten.)

3) Vgl. W. 33, 226: „wovon ich diesmal nicht weiter erzähle,
da ich mich künftig mit meinen Lesern darüber umständlich zu unter=
halten hoffe." Hindeutungen auf „Übergänge", auf „manche Stufen
der Prüfung, des Tuns und Duldens" finden sich auch kurz vorher
in der die freundschaftlichen Besuche einleitenden „Zwischenrede"
(W. 33, 187).

4) Goethes Briefe an Frau v. Stein, hsg. v. A. Schöll 1848,
2. A., bearb. v. W. Fielitz 1893, 3. A. v. J. Wahle 1899, deren Veröffent=
lichung W. Hehn als einen Wendepunkt in der Entwicklung des Verhält=
nisses der Nation zu Goethe bezeichnet (Gedanken über Goethe, 1887,
S. 167), nach Goedeke (IV, 444) „eine der wichtigsten Urkundensamm=

Schilderungen der Harzreise,[1]) charakteristische Vorläufer der herrlichen Briefe aus der Schweiz (1779),[2]) in denen des Dichters geheimstes Denken und Fühlen mit der ganzen Lebenswärme des Gegenwärtigen und Beherrschenden, der jugendlich begeisterten Hingebung an den Augenblick pulsiert,[3]) sie gewährt in der Tat Einblick in „das Allgemeine, Innere, Höhere," das „dem Dichter vorschwebte,"[4]) in die treibenden Kräfte jenes Lebensabschnittes. Schwache Andeutungen der Ode finden hier ihre Erklärung und Motivierung, leise anklingende Töne wiederholen sich in lieblichen Variationen, stellenweise in einer Verklärung, welche an poetischem Zauber die Dichtung fast übertrifft; unsichtbare Fäden scheinen die ganze Stimmung zu verweben mit den liebenden Beziehungen, die den Dichter um jene Zeit beglückten, — von den späteren Erinnerungen wohl nicht ohne Absicht unter dem deckenden Schleier gelassen.

---

lungen zu Goethes Leben"; sie geben für eine ganze Reihe von Jahren unmittelbarsten Einblick in seine Stimmungen. (1776 bis etwa 1789.)

Die Tagebuchblätter der Harzreise (zuerst bei Riemer, Mitt. über Goethe, 1841) liegen in doppelter Form vor. Neben der Fassung Tb. 1, 54—58 noch eine solche aus dem Nachlasse der Frau von Stein (Br. 1, 189 und 193 f., Br. an Fr. v. St. 2. A., 1, 99 f.) letztere nicht ganz vollständig, nur vom 30. Nov. bis 15. Dez. 1777 reichend, im übrigen nur mit geringen Abweichungen. Vgl. Schöll in den Briefen an Fr. v. St. 1, 430.

1) Br. 3, 188 ff., Br. an Fr. v. St. 1, 98—108.

2) Br. 4, 63 ff. und „Briefe aus der Schweiz," Zweite Sammlung, W. 19, 223 ff.

3) Es ist bemerkenswert, daß speziell die Briefe von der Harzreise, indem sie über die Örtlichkeiten (bis gegen Schluß hin) geheimnisvolles Schweigen breiten, in diesem Charakter poetischer Unbestimmtheit desto mehr das Innere spiegeln. Vgl. i. flg. S. 29 u. 41.

4) W. 41, 329.

Durch alles dies wird es möglich, die Dichtung in den stillen Zusammenhang seines Lebens einzureihen, sie als ein Dokument tiefster Seelenvorgänge, als ein Stimmungsbild von seltenem Reize zu fassen; gleichzeitig aber enthüllt sich die Eigentümlichkeit des lyrischen Schaffensprozesses in einzelnen prägnanten Bedingungen, und, ungezwungen wie nur in wenigen Fällen, bietet sich Gelegenheit, die poetische Erscheinung als ein natürlich Werdendes zu begreifen. Die innige Verbindung zwischen Leben und Dichtung, welche ein „Grundzug der Natur Goethes ist,“ [1] tritt hier wiederum so ungemein bezeichnend hervor: die Bedeutung der Ode fällt mit der Bedeutung des zu Grunde liegenden winterlichen Harzrittes zusammen, so daß eine Trennung beider nicht wohl möglich ist.

---

1) Hettner, Geschichte der deutschen Litt. im 18. Jh., 1894[4]; III 3, 127.

II.

Zu Ende des Jahres 1775 war der Dichter des Götz
und des Werther in die kleine thüringische Residenz ge=
kommen, und aus dem gefeierten Gaste war bald ein
bleibendes Glied des Weimarer Hofkreises geworden. Der
geniale Übermut der ersten Zeit, welcher mit seinen Exzen=
trizitäten und Torheiten [1] dem besorgten Klopstock ein väter=
liches Entsetzen eingejagt hatte, ging schon nach kurzem in
eine geregelte Amtstätigkeit über. Mochte das ungebun=
dene, frische Treiben anfangs noch Goethes eigenem Naturell
entsprochen haben, so brach ein innerstes Bedürfnis nach
Läuterung mehr und mehr durch, und die ersten Weimarer
Jahre bedeuten trotz allem schon Jahre verborgener Selbst=
bildung und Selbsterziehung, die dem Dichter ihr bleiben=
des Gepräge aufdrückten. Wie sehr auch das ganze Milieu
eines fürstlichen Kreises, der weitere Horizont neuer Pflichten
und Interessen, der Ernst der Aufgabe, „Gegensätze anderer
und solche seiner eigenen Natur und Lage zu vermitteln," [2]
ja auch das herannahende Mannesalter einen dämpfenden
und klärenden Einfluß übten: wesentlichen Anteil an dieser
fortschreitenden Umwandlung schreibt Goethe selbst in Vers
und Liedern jener Frau zu, die durch ihre ruhige Weib=

----

1) „Anfänge bedeutender Zustände   vielleicht sahen die Koty=
ledonen jener Saat etwas wunderlich aus" (W. 33, 211).

2) A. Schöll, Goethe in den Hauptzügen seines Lebens und
Wirkens, S. 62.

lichkeit, ihre vornehme Geistigkeit „in dieser engen kleinen
Welt mit leisem Zauberband ihn hält."[1]) Sie macht ihn
still und maßvoll, sie kühlt sein heißes Blut; das Zarteste,
das in ihm ist, entwickelt sie.[2]) Mittelpunkt und Licht=
punkt seines Daseins, wird sie auch der Genius seiner
harmonischen Entfaltung. Man mag dieses eigenartige
Verhältnis verschieden beurteilen, — Tatsache ist, daß die
schönsten Dichtungen dieser Epoche von der Liebe zu Frau
von Stein angeregt sind und ihr Bild immer wieder im
lieblichen Rahmen ihrer berg= und waldumkränzten Heimat
erscheint.[3]) Doch diese Liebe ist es auch hinwiederum,
welche neue Stürme in ihm heraufbeschwört, die harten
inneren Kämpfe noch vermehrend, durch welche er sich hin=
durchringen muß:[4]) die Weimarer Frühzeit charakterisiert

---

1) „Dem Schicksal", im August 1776 an Lavater gesandt
(Br. 3, 100).

2) Vgl. dazu: „Warum gabst du uns die tiefen Blicke?", den
14. April 1776 an Ch. v. Stein (Briefe an Fr. v. St., 1, 30—32
und W. 4, 97 ff).

>„Tropftest Mäßigung dem heißen Blute,
>
>Richtetest den wilden, irren Lauf,
>
>Und in deinen Engelsarmen ruhte
>
>Die zerstörte Brust sich wieder auf
>
>Fühlt sein Herz an deinem Herzen schwellen,
>
>Fühlte sich in deinem Auge gut,
>
>Alle seine Sinne sich erhellen
>
>Und beruhigen sein brausend Blut."

Vgl. auch Scherer, Gesch. d. dtsch. Lit., 1899[8], 530.

3) Vgl. H. Grimm, Goethe. 6. Aufl. 1899. S. 250.

4) „Ach, wenn du da bist,
>
>Fühl ich, ich soll dich nicht lieben,
>
>Ach, wenn du fern bist,
>
>Fühl ich, ich lieb dich so sehr."

(An Ch. v. St., 8. Aug. 1776, Br. 3, 93; vgl. auch Br. 3, 83.)

ein steter Umschlag und Kontrast der Stimmungen, ein
Schwanken zwischen weicher, wehmütiger Ergebung und
leidenschaftlichem Trotze, ein Wechsel zwischen fröhlicher,
unbefangener Leichtigkeit in der Nähe der Freundin und
wilder, verworrener Lustigkeit in der Trennung von ihr,
— und durch dies alles hindurch, immer deutlicher hervor=
brechend, ein Grundton ergreifendster Sehnsucht nach Ruhe
und Frieden! Es ist das Orestes=Iphigenie=Motiv, welches
tiefinnerlich in dem Dichter neues Leben gewinnt; sein
eigenes Selbst schaut er lange Zeit in dem Bilde des hin=
und hergetriebenen, ruhelosen Atriden,[1] bis auch er der
Friedebringerin beglückt die Genesung danken kann, bis
statt der stürmischen Jugendideale die Begriffe der „Rein=
heit" und „Stille" immer mehr Form und Gestalt ge=
winnen und endlich sein ganzes Wesen durchdringen.[2]

Aber noch steht der Dichter inmitten dieses Klärungs=
prozesses; noch ist „das rechte Maß" nicht getroffen,[3] das
innere Gleichgewicht nicht erreicht.[4] Es ist die Zeit, da
er dieses neue, höhere Leben erst keimen und das besonnene
Fassen seiner gewaltigen Natur erst in „dumpfem"[5]

---

1) Vgl. Bielschowsky, Goethe, sein Leben und seine Werke, I,
1896, S. 418 f.

2) Als Bezeichnung der Zustände und Empfindungen, die sich
in ihm entwickeln, ziehen sich diese Termini wie ein Faden durch
Briefe und Tagebuchaufzeichnungen jener Zeit hindurch.

3) Vgl. „Einschränkung", die spätere Fassung von „Dem Schick=
sal" (W. 1, 102).

4) „Ich bin mit meinem Dasein und meinen Hoffnungen wie
zwischen Himmel und Erde aufgehangen" (5. Juli 1777, Br. 3, 162).

5) „Dumpfheit", ein Lieblingswort dieser Jahre, ist ihm der
Zustand einer ahnungsvollen Dämmerung, in welcher das Gemüt
seine tiefsten Eingebungen erfährt (W. Hehn, a. a. O., 296).

Werden fühlt;[1]) die Zeit, da inmitten eines Wirrwarrs von Vergnügungen und Geschäftigkeit, inmitten schmerzlicher Erlebnisse[2]) und ernster Erinnerungen[3]) das Gefühl der Isolierung immer stärker wird[4]) und unter dem Übergewichte innerer Entfaltungen die äußeren Verpflichtungen

---

1) Gerade mit d. J. 1777 läßt sich diese Richtung auf Selbstbeobachtung und Selbstarbeit in intensiverer Form verfolgen, und zwar in den verschiedensten, sprechendsten Wendungen: Br. 3, 91, 152, 156, 158, 159, 163, 165 f., 181, 182. („Stündlich seh ich mehr, daß man sich aus diesem Strome des Lebens ans Ufer retten muß." d. 12. Sept., S. 174.) Tb. 1, 45, 50—53, deutlich auch in den schon angeführten Gedichten („Fühlt die alte Wahrheit ewig gleich im Innern, und der neue Zustand wird ihm Schmerz" Briefe an Fr. v. St. 1, 32 — „Und ach, ich fühl's, im Stillen werden wir zu neuen Szenen vorbereitet." Br. 3, 100).

2) Nachricht vom Tode seiner Schwester Cornelie, vgl. 16. Juni und 16. Nov., Br. 3, 160 und 186 ff., Tb. 1, 40.

> Alles geben die Götter, die unendlichen
> Ihren Lieblingen ganz,
> Alle Freuden, die unendlichen,
> Alle Schmerzen, die unendlichen, ganz.
>
> (17. Juli, Br. 3, 166.)

Wie tief dieser Schmerz traf, noch zu erkennen Br. 8, 139 (17. Jan. 1787).

3) Zweiter Jahrestag seiner Ankunft in Weimar, an welchem er, seinen Zustand betrachtend, den charakteristischen Vergleich zieht, daß „das Schicksal vollkommen" mit ihm „gemacht hat, wie man's den Linden tut; man schneidet ihnen den Gipfel weg und alle schönen Äste, daß sie neuen Trieb kriegen, sonst sterben sie von oben herab. Freilich stehen sie die ersten Jahre wie Stangen da" (An Fr. v. St., 8. Nov., Br. 3, 184). Dasselbe Gleichnis den 8. Nov. (Br. 3, 184), sowie ähnlich in einem Briefe an seine Mutter den 16. Nov. (Br. 3, 186). Vgl. auch 14. Nov., Tb. 1, 52 f.

4) „Daß ich im Zustande des Schweigens bin gegen alle Welt ... indes sich viele Leute mit Märchen von mir unterhalten, wie sie sich

des Amtes und der Gesellschaft ihm als ursprünglich fremd
Überwindung und Mühe zu kosten beginnen.[1] Immer
wieder treibt es ihn hinaus in die Natur, um in der Hin=
gebung an sie seine geheime Unruhe zu bekämpfen.[2] So
erfaßt ihn auch jetzt, nach einem Herbstaufenthalte auf der
Wartburg, zu Beginn des Winters (1777) mit unwider=
stehlicher Gewalt das Verlangen, sich den erschlaffenden
Wirkungen seines gegenwärtigen Lebens einmal ganz zu
entziehen, aus dem Getriebe des Hofes mit seinen Fesseln
gemeinsamer Beschäftigungen und Unternehmungen[3] in
die „Öde" zu fliehen, um vor allem sich selbst, die innere
Beruhigung und Sammlung, Niederhaltung seiner Empfin=
dungen, „neue Lebenskraft"[4] zu suchen.[5] Bei dem bunten
Wechselspiele geselliger Zerstreuungen, „der schnellen Be=
wegung menschlicher Gesinnungen," unter denen er gelitten
hat und leidet,[6] in der ganzen schwülen, beengenden
Atmosphäre, die ihn bedrückt,[7] scheint es gerade die Weite,

---

ehemals von meinen Märchen unterhielten." An Kestner, den 28. Sept.
(Br. 3, 179) — „Tiefes Gefühl des Alleinseins" — „Und will's
Gott, in Ruhe vor den Menschen, mit denen ich doch nichts zu teilen
habe   bin in viel Entfremdung bestimmt, wo ich doch noch Band
glaubte," d. 4. u. 8. Okt. (Tb. 1, 49 und 51). „Ich bin ent=
fremdeter von viel Welt, nur nicht von Ihnen." An Fr. v. St., d.
10. Okt. (Br. 3, 180).

1) Vgl. Br. an Fr. v. St. 1, 150.

2) Vgl. Br. 3, 158; Tb. 1, 51. — „Rastlose Liebe" (W. 1, 84).

3) Vgl. Camp., W. 33, 213.

4) Faust, W. 14, 165.

5) und 7) Zu erschließen aus der Wirkung der Fahrt auf den
Dichter, wie sie sich in den Briefen äußert: „Es ist wie ein kaltes
Bad, das einen aus einer bürgerlich wollüstigen Abspannung wieder
zu einem neuen kräftigen Leben zusammenzieht," d. 9. Dez. (Br. 3,
195). — 6) A.S. 9, 173.

die Stille, die Frische der winterlichen Natur zu sein, welche
ihn hinauslockt und besondere Macht über ihn hat,[1] die
mit ihren Stürmen und Gefahren „den glühenden, die
Kraft des Genius in sich fühlenden Mann" doppelt an=
ziehen muß,[2] — und (wie bei der Schweizerreise zwei
Jahre später) taucht der Plan einer Winterfahrt in ihm auf.

Was heute weniger seltsam,[3] damals aber ein
„bizarres Abenteuer," ein „wunderliches" Unternehmen zu
nennen war,[4] anscheinend ganz im Stile der Geniereise
gehalten, das sollte dennoch durch bedeutsame, ernste
Motive getragen werden. Der Drang zum Gewaltsamen
tritt ja mehr und mehr vor einer Stimmung zurück, welche
der wahrhaft erfaßten Wirklichkeit das Vollkommne zu=
traut,[5] und in diesem Sinne mochte wohl der Plan für
Goethe noch höheren Reiz gewinnen, indem er es als be=
sonderen Vorzug empfindet, daß sein Leben auf ungesuchte
Weise die reichste Ausgestaltung findet und so bei ihm

---

1) „Alles Winterwesen hatte überdies für mich in jener Zeit
große Reize" (W. 33, 214). Auch der leidenschaftliche Eissport, die
zahlreichen, aus der winterlichen Natur geschöpften Vergleiche bieten
für diese Vorliebe bestätigende Belege.

2) W. Hehn, Vorlesungen über Goethe, hrsg. v. Th. Schiemann,
G. Jb. 15, 120.

3) Zu vergl., daß Reisen um des bloßen Naturgenusses willen
erst im 18. Jh. mit Erweckung des schlummernden Naturgefühles
allmählich in Mode kamen und namentlich die Schönheit der Gebirgs=
welt sich erst zu erschließen begann. Vgl. Fr. Mascheck, Goethes
Reisen, 1887 u. 1888, — sowie auch Goethes eigene Äußerung über
seine Winterfahrt: „Niemand reist, außer wen Not treibt und drin=
gend Geschäft" (Br. 3, 92).

4) Kommentar zur Harzreise (W. 41, 330 u. 338) und Camp.
(W. 33, 212).

5) Vgl. Schöll, a. a. O. 72.

auch „das Abenteuerliche natürlich“ wird.[1] Denn wuchs auch aus der tiefen Bewegung des Innern, aus den ganzen Verhältnissen dieser „seltsamen Person in der seltsamsten Lage“[2] wohl dasjenige Ziel hervor, welches dem Geiste des Dichters symbolisch vorschwebte, so war es doch eine zweifache bestimmte Veranlassung, die, dem allgemeinen, unbestimmten Sehnen Form und Gestalt verleihend, zugleich auch Richtung wies und Ziel: zu den rauhen Gebirgsgegenden des Harzes hin.

Eines der Lieblingsprojekte Goethes reicht in seinen ersten Anfängen bis in diese Zeit zurück. Die Eröffnung des alten, in Verfall geratenen Bergwerks in Ilmenau wurde bald nach seiner Ankunft in Aussicht genommen, und wie der Herzog Karl August, so wandte auch er diesem Unternehmen sein lebhaftes Interesse zu.[3] Durch Dekret vom 14. November 1777 zum Mitgliede der neu eingesetzten Bergwerkskommission berufen,[4] hielt er es für unerläßlich, nun „vor allen Dingen das Bergwesen in

------

1) „Letzten Winter hat eine Reise auf den Harz mir das reinste Vergnügen gegeben. Du weißt, daß, so sehr ich hasse, wenn man das Natürliche abenteuerlich machen will, so wohl ists mir, wenn das Abenteuerliche natürlich zugeht.“ An Merck, d. 5. Aug. 1778, Br. 3, 238. — „Wie doch nichts abenteuerlich ist als das Natürliche und nichts groß als das Natürliche, und nichts ppppppp als das Natürliche!!!!!“ d. 2. Dez., Br. 3, 189. Zu vergl. auch Br. 3, 177 u. 189.

2) Camp., W. 33, 220.

3) „Wir sind hier und wollen sehen, ob wir das alte Bergwerk wieder in Bewegung setzen.“ An Merck, d. 24. Juli 1776 (Br. 3, 90); vgl. W. 36, 367.

4) Vgl. Kalischer (Hempel 33, CLVI) und Schöll, Briefe an Fr. v. St. 1, 429.

feinem ganzen- Komplexe, und wär es auch nur flüchtig,
mit Augen zu sehen und mit dem Geiste zu faffen";[1] denn
bei feiner ganzen Richtung, der abstrakte Theorien immer
ferne lagen, die immer „nur durch unmittelbares Anschauen
Anteil an einem Gegenstande gewinnen" konnte,[2] ver=
mochte er nur auf ein solches Fundament gestützt an das
Studium des Positiven und Historischen heranzutreten,[3]
um künftig bei der Ausführung des Unternehmens mit=
zuwirken.[4] Eine Reise in den Harz mit feinem alten
blühenden Bergbau lag ihm schon längst im Sinne, und
jetzt wird diefer Wunsch wieder rege,[5] bezeichnend für
„die lebendige und persönliche Art, wie er die Obliegen=
heiten feines Amtes behandelt",[6] wie er durch Umschau
und Einschau in den neuen Wirkungskreis hineinwächst
und allmählich feine Wurzeln einsenkt. Unter den glück=
lichen Anregungen und Förderungen solcher Umstände er=
wacht die alte Neigung des finnenfrischen Jünglings für

---

1) Camp. W. 33, 214.

2) Ebd. Auf W. 4, 137 („Genius") weist Bielsch. a. a. O. II. 416:

  „Anschaun, wenn es dir gelingt,

  Daß es in die Tiefe dringt,

  Dann noch außen wiederkehrt

  Bist am herrlichsten belehrt."

3) W. 33, 214.   4) ebd.

5) 1780 an die Spitze der Bergwerkskommiffion gestellt, wid=
mete er dem Unternehmen feine ganze Fürsorge. (vgl. Br. an Fr. v. St.,
1, 266, d. 7. Sept.) Seine amtlichen Berichte, feine Rede bei der end=
lichen „Eröffnung des neuen Bergbaues zu Ilmenau" legen davon
das schönste Zeugnis ab. (24. Febr. 1784. W. 36, 367 ff.) Selbst
in Italien trug er die Sorge um das ihm anvertraute Werk be=
ständig mit fich. Vergl. Hemp. 33, CLIV ff. (Kalischer.)

6) Hettner, 3, 192 und Bielschowsky II, 412.

die Naturwissenschaften zu größerer Stärke,[1] und schon
beginnt sich jenes Streben in die Wirklichkeit umzusetzen,
welches der gereifte Forscher viele Jahre später in die
Worte zusammenfaßt:

> „Was ich nicht erlernt hab',
> Das hab' ich erwandert."[2]

Eine zweite, ganz verschiedenartige Absicht noch zog
Goethe zum Harze hin, ja, „fügte mehr als die Hälfte des
Gewichtes seinem Entschlusse hinzu".[3] Er wünschte einen
merkwürdigen jungen Mann kennen zu lernen, den Sohn
des Oberpredigers in Wernigerode, welcher seine Aufmerk=
samkeit in hohem Grade erregt hatte, und zwar auf eine
Weise, ebenso sehr in seiner eigenen Individualität, wie in

---

1) Ebd. u. Hemp. 33, CLIV ff. Der Ilmenauer Bergbau ist nach
G. selbst (N.S. 9, 259) als die Brücke zu seinen eingehenden
mineralogischen und geologischen Studien zu betrachten, die bald
größeren Raum gewinnen sollten. Vergl. an Merck 11. Okt. 1780,
Br. 4, 309 f.: „Ich habe mich diesen Wissenschaften, da mich mein
Amt dazu berechtigt, mit einer völligen Leidenschaft ergeben
Da ich nun einmal nichts aus Büchern lernen kann, fang ich jetzt
erst an, nachdem ich die meilenlangen Blätter unserer Gegenden um=
geschlagen habe, auch die Erfahrungen anderer zu studieren und zu
nutzen."

2) Motto seiner Abhandlungen: „Zur Mineralogie und Geologie"
(Hemp. 33, 310). Freilich entsprechen noch mehr die 2. u. 3. Harz=
reise, 1783 u. 84, diesem Zwecke als eigentliche Studienwanderungen,
und ein Resultat des Bergwerks= und Granitjahres (1784) liegt vor
in dem „Geognostischen Tagebuche einer Harzreise" (N. S. 9,
155—168). Zwischen 1780—85 fallen zahlreiche naturwissenschaftliche
Ausflüge.

3) W. 33, 214. 41, 332. — Vgl.: „eine Teilnahme, die mich
denn auch auf einen so wunderlichen Weg geführt hatte" (W. 33,
222).

den kulturhistorischen Verhältnissen jener Epoche begründet. Noch stand man ja in der Zeit des Sentimentalitätsfiebers, jener eigentümlichen Erscheinungsform der kraftgenialen Strömung, an der die junge Generation in den siebziger Jahren des 18. Jahrhunderts krankte, und die Goethe später so trefflich zeichnet als „eine Art zärtlich leiden= schaftlicher Ascetik“, gewöhnlich „in eine leidige Selbst= quälerei“ ausartend.[1]) Da gleichzeitig, durch Lavaters Physiognomik angeregt, das Studium der individuellen Natur, der Kultus der Persönlichkeit „im Austausch der Seelen und Silhouetten“[2]) in den Mittelpunkt des „sitt= lich geselligen Interesses“ getreten war, so machte sich als Resultat in weitern Kreisen gar bald die Tatsache fühlbar, „daß ein jeder sich auch wohl für befugt hielt“ „Eigenheiten, Torheiten und Fehler in den Komplex seines werten Da= seins mit aufzunehmen“.[3]) Die Individualität des einzelnen trat in einer Bedeutung und Wichtigkeit hervor, die er durch sein sonstiges Verhalten schwerlich hätte in Anspruch nehmen dürfen.[4]) Unter solchen Verhältnissen hatte sich, wie so manche andere, die brieflich oder persönlich An=

---

3) Vgl. das anschauliche kulturhistorische Gemälde, welches die betreff. Episode in der Camp. einleitet (W. 33, 208 f.), eine Ergän= zung u. Fortführung zur Schilderung der Werthermanie in D. W. (13. B., W. 28, 216 u. 225 — 14. B. S. 246). Was dort mehr in seiner Entstehung und den Elementen, hier mehr unter dem Ge= sichtspunkte der weiteren Entwicklung zusammengefaßt.

2) Appell, Werther und seine Zeit, 1865 S. 4. — Vgl. dazu die Bedeutung der Briefwechsel und Tagebücher für diese weichliche Selbstbeschauung, für die schwärmerische Überschwänglichkeit in Freund= schaft und Liebe.

3) W. 33, 210. — 4) Vgl. W. 33, 210 u. 211.

näherung ſuchten,[1]) auch der junge Pleſſing Rat und Hilfe
fordernd an den Verfaſſer jenes Romanes gewandt, der
all die unklaren, wogenden Gedanken, Gefühle und Ah=
nungen der Zeit im gegebenen Momente ſo wunderbar er=
greifend ausſprach, ja, recht zum vollen Ausbruch brachte[2])
und darum als der natürlich gegebene Vertraute und
Führer erſcheinen mußte.[3]) Ohne die Möglichkeit in Be=
tracht zu ziehen, daß der Dichter des Werther ſich ſchon
aus dem „ſtürmiſchen Elemente gerettet"[4]) haben könne,
legte jener junge Mann durch einen ausführlichen Erguß
(in Heftformat) ſeinen zerriſſenen Gemütszuſtand in ſo
eigenartiger Weiſe dar, daß es faſt das Wunderbarſte
dieſer ſelbſtquäleriſchen Art ſchien, das Goethe vor Augen
gekommen war.[5]) Durch dieſen Brief, der wohl im
Sommer des Jahres 1777 einlief,[6]) war nicht nur Goethes
menſchliche Teilnahme,[7]) ſondern auch vor allem, dem ihn

---

1) W. 33, 212 u. 221; 41, 331.

2) Hettner, a. a. O. III 3, 150 u. Appell S. 92. — D. W.
W. 28, 227 f.

3) Der Dichter „mußte die große Unbequemlichkeit erleben, daß
man ihn gerade dieſen Geſinnungen günſtig hielt". W. 41, 331.

4) D. W., W. 28, 225.

5) und 6) W. 33, 212. Der Inhalt nicht genauer bekannt,
nur zu erſchließen; — „alles friſch und brav aus dem Herzen ge=
ſchrieben," fügt G. an a. Stelle hinzu.

7) Der Bericht in der Camp., zwar ſehr ausführlich in Bezug
auf Pleſſing, läßt dieſes Moment menſchlicher Anteilnahme durch ſeine
mehr a n a l y ſ i e r e n d e Art weniger hervortreten, — wohl auch aus
der Reſerviertheit ſpäterer Jahre zu erklären; doch ſchimmert dasſelbe
noch deutlich genug durch. Camp. W. 33, 212, 213 u. 222, auch
Komm., W. 41, 334.

noch fesselnden Modesporte der Zeit entsprechend,[1]) sein
psychologisches und künstlerisches Interesse wachgerufen
worden. Es schien „unmöglich, nur irgend eine Persön=
lichkeit zu denken", wozu diese „zugleich anziehenden und
abstoßenden Seelenenthüllungen passen möchten;[2]) so ward
die Neugier rege, den „jungen Mann von Angesicht zu
sehen",[3]) um zu erkennen, „welchen Körper sich ein so
wunderbarer Geist gebildet habe".[4]) Den Unglücklichen
nach Weimar zu bescheiden, hielt Goethe nach mancherlei
Erfahrungen — Lenz und Klinger standen ihm wahrschein=
lich vor Augen — nicht für rätlich. Er ließ ihn ohne Ant=
wort, „von der Zeit irgend eine Vermittlung erwartend".[5])
Auch ein zweiter, heftigerer, leidenschaftlich beschwörender
Brief änderte diese Auffassung nicht, so sehr Goethe auch
geneigt war, jungen Männern seines Alters „in Herzens=
nnd Geistesnöten beizustehen";[6]) wohl aber reifte in ihm
der Entschluß, Plessing in seiner Heimat aufzusuchen, ihn
zu prüfen[7]) und zwar unerkannt.[8])

Vorgreifend sei hier schon angefügt, was außerhalb
des Rahmens der folgenden Entwicklung liegt. Die per=
sönliche Bekanntschaft mit Plessing[9]) zeigte Goethe, deut=

---

1) Vgl. Camp. W. 33, 212, 222.

2) Auch in Weimar war Goethe für die Physiognomik noch
tätig, vgl. Br. 3, 188, 215, 216 u. Hemp. 37, 185.

3) Camp., W. 33, 212. 4) Komm. W. 41, 332.

5) W. 33, 213. 6) Camp. W. 33, 213. 7) ebb.

8) Komm. W. 41, 332. Gleichzeitige Parallelen bietet Goethes
Verhältnis zu anderen Schützlingen, u. a. dem Schweizerknaben Peter
und dem armen Hypochonder H. S. Fr. Kraft, deren er sich in
menschenfreundlicher Weise annahm. Vgl. Fr. Strehlke in Hemp. 1,
CXVII, Schöll, 167, Br. 4, 59 und Goedeke 4, 459.

9) Friedrich Viktor Lebrecht Plessing, geb. 1749, studierte die
Rechte, dann, nach einer Unterbrechung durch Kriegsdienste, Theologie

licher noch), als es durch die Briefe schon geschehen war, wie die Persönlichkeit des jungen Mannes „einen durchaus individuellen Eindruck" zurückließ,[1] auch „Interesse" erregte, doch „Anziehungskraft auszuüben nicht vermochte";[2] nähere Berührungspunkte ergaben sich nicht. Wie geduldig und vorsichtig auch Goethe auf den Zustand des Bedauernswerten einging, den er mit scharfem Blick

in Wittenberg, Halle u. Leipzig. Sein Jugendmut, der sich in den Universitätsjahren mit starker Neigung zum Ritterlichen und Absonderlichen austobte, wurde jäh gebrochen durch Beschäftigung mit der Sturm- und Drangliteratur, besonders mit Werther; wenigstens hatte diese Lektüre das Eintreten eines krankhaften Zustandes zur Folge, dem er sich nun ganz hingab. In das Haus seines Vaters zurückgekehrt, schloß er sich von jedem Verkehre ab und brachte hier in Wernigerode mehrere Jahre in dumpfem, verzweifeltem Hinbrüten zu. Endlich raffte er sich zu den beiden Schreiben an Goethe auf, die dessen Besuch in Wernigerode zur Folge haben sollten. Von 1778—83 in Königsberg, wandte er sich der Philosophie zu, und frischer begab er sich in seine Heimat zurück. In 5—6 jähriger aufreibender Arbeitszeit ergänzte er nun seine Sprach- und Geschichtskenntnisse und begann eine ausgedehnte literarische Produktion, welche meist die Anfänge der menschlichen Kultur, Philosophie 2c. behandelte. 1789 wurde er als Professor der Philosophie an die kleine Universität Duisburg berufen. Hier lebte er noch 18 Jahre, in dürftigen Verhältnissen, in seiner Lebensweise ein Sonderling, zuletzt immer mehr vereinsamend. Er hatte einen „Wirkungskreis", aber keinen „Ruhepunkt" gefunden. Durch die Philosophie Kants in neuen Zwiespalt gestürzt, starb er, bevor er sich zu einer Lösung durchgerungen. Vgl. Allgemeine deutsche Biographie 26, S. 277—81 und Strehlke in Hemp. 25, S. 212—14. Daselbst auch Literatur über Plessings Beziehungen zu Goethe, seinen Freunden Krummacher und Möller, zu Hamann, Kant, Graf Herzberg, Dohm u. a. Zeitgenossen.

1) Camp. W. 33, 225. 2) W. 33, 219.

durchdrang,[1] wie nachdrücklich er ihn auch auf Mittel der
Aufrichtung und Gesundung hinwies, wobei er den ganzen
Zauber seiner Persönlichkeit geltend machte, er erfuhr nur
eine krankhafte Zurückweisung seiner wohlmeinenden Ab=
sichten.[2] So fühlte er, wie sich sein „Innerstes zuschloß",
und im „Gewissen, durch den beschwerlichen Weg, im Be=
wußtsein des besten Willens völlig befreit", glaubte er sich
„jeder weiteren Pflicht gegen ihn entbunden",[3] und so
schied er von ihm, „frieblich und schicklich",[4] aber ent=
schlossen, ihn nicht wiederzusehen.[5] Durch einen Besuch
Plessings bei Goethe in Weimar,[6] durch die Zusendung
der Schriften des späteren Professors der Philosophie an

---

1) In der Erfassung des eigentlichen Wesens wohl zutreffend,
heißt es in der Camp.: „Man erkannte darin einen jungen, durch
Schulen und Universitäten gebildeten Mann, dem aber sein sämtlich
Gelerntes zu eigener innerer, sittlicher Beruhigung nicht gedeihen wollte"
(W. 33, 212, und) „er hatte nämlich von der Außenwelt niemals
Kenntnis genommen, dagegen sich durch Lektüre mannigfaltig ausgebil=
det, alle seine Kraft und Neigung aber nach innen gewendet und sich auf
diese Weise, da er in der Tiefe seines Lebens kein produktives Talent
fand, so gut als zu Grunde gerichtet." — „Eine ganz eigens be=
schränkte Selbstigkeit tat sich kräftig hervor" (ebd. S. 222).

2) Ebd. S. 225. 3) ebd. 4) ebd. 5) ebd.

6) Die zeitliche Fixierung dieses Besuches gab Anlaß zu
Schwierigkeiten, da Goethes Angabe in der Camp. (W. 33, 227)
nicht mit den erhaltenen Briefen übereinzustimmen scheint. Vgl.
Strehlke, Hemp. 25, 213. Das Tb. (allerdings in den verschiedenen
Kopien Abweichungen) verzeichnet einen Besuch Pl's am 22. Febr.
1778, also unmittelbar nach der Harzreise. (Tb. 1, 62.) Auch dar=
über gehen die Meinungen auseinander, ob Pl. schon in Wern.
Goethe erkannt habe, oder auf welche Weise ihm später Aufklärung
über diesen Punkt geworden: eine Frage, die hier wohl nicht weiter
zu untersuchen ist und im Grunde ziemlich überflüssig scheint. (W
Schaefer, Deutsches Museum, 1861 N. 19 und gegen ihn Dünzer

den Dichter, durch gelegentlichen Briefaustausch[1]) blieb eine
lockere, doch freundliche Verbindung bestehen, ohne daß
Goethe, so gern er auch Dienste mehr reeller Art zu erweisen bereit war,[2]) dem nochmals wiederholten, leiden-
schaftlichen Ansinnen nach Gewährung seiner Freundschaft
zu entsprechen vermochte.[3]) Zuletzt sah er Plessing, fünfzehn
Jahre nach dem ersten Zusammentreffen, in Duisburg, wo
mit der Rückschau in frühere Tage ein friedlicher Abend
inmitten unruhigster Zeiten ausgefüllt wurde, wo Goethe
aber wiederum, wie einst in Wernigerode, mit dem trauri-
gen Eindrucke eines unbefriedigten und unbefriedigenden
Menschendaseins scheiden mußte,[3]) — das letzte Blatt in
der Geschichte dieses „sentimental-romanhaften Verhältnisses."[5])

Aus Goethes Freundeskreise, 1868, S. 343—83.) Goethe selbst
äußert sich darüber W. 33, 227.

1) ebd. 2) ebd., bestätigt durch Briefe Goethes aus Rom, so
v. 20. 2. 1787 an Göschen. Br. 8, 199: „Wollen Sie bei H. Wey-
gand auf Ostern 60 S. für mich empfangen, welche derselbe v. H.
Plessing in Werningerode an mich auszuzahlen angewiesen ist ꝛc."
vgl. Grenzboten 1880, 355.

3) W. 33, 227.

4) W. 33, 228. 5) ebd. 208. Die Briefe Goethes an Pl. sind
nach Möllers Angabe (Möller, F. A. Krummacher u. seine Freunde,
1849) vernichtet worden. Vgl. Allg. dtsch. Biogr. 26, S. 277—81).
Erhalten ist jedoch ein Schreiben Goethes vom 26. Juli 1782, welches
auf sein Verhältnis zu Pl. ein Streiflicht wirft: „Mein Betragen gegen
Sie will ich nicht für eine Tugend ausgeben; notwendig war es. Hätten Sie
damals gedacht, was Sie jetzt denken, so wären wir näher. Doch der
Mensch hat viele Häute abzuwerfen, bis er seiner selbst und der welt-
lichen Dinge nur einigermaßen sicher wird. Sie haben mehr erfahren,
mehr gedacht; möchten Sie einen Ruhepunkt treffen und einen Wirkungskreis finden! So viel kann ich Sie versichern, daß ich mitten

III.

Nicht lange sollte nun, — um in den Spätherbst des
Jahres 1777 zurückzukehren und den unterbrochenen Faden
wieder aufzunehmen, — die Gelegenheit auf sich warten
lassen, welche dem allgemeinen stürmischen Drängen nach
einsamer freier Natur, wie den besonderen Absichten Goethes
(Besichtigung des Bergbaues und Besuch bei Plessing) nach
Wunsch entgegenkam. Eine Jagdpartie des Fürsten war
es, die dem jungen Hof- und Staatsmanne, dem sonst un=
zertrennlichen Gefährten Karl Augusts, die Möglichkeit bot,
seine Pläne zu verwirklichen und eine winterliche Fahrt
in den Harz anzutreten, — plötzlich, heimlich, in dem fast
fluchtähnlichen Charakter des Ganzen wie ein Vorspiel der
spätern Reise nach Italien! Denn niemand wurde einge=
weiht,[1]) nicht einmal Frau von Stein, und vom Herzoge

---

im Glück in einem anhaltenden Entsagen lebe und bei aller Mühe
und Arbeit sehe, daß nicht mein Wille, sondern der Wille einer höhern
Macht geschieht, deren Gedanken nicht meine Gedanken sind. Leben
Sie wohl! Wenn Sie sich mit mir unterhalten mögen, sollen mir
Ihre Briefe jederzeit willkommen sein" (Br. 6, 14).

1) 16. Nov.: „Projekte zur heimlichen Reise" (Tb. 1, 54). —
Vgl. Camp., W. 33, 214, sowie Br. 3, 201, wo es noch heißt:
„Aber niemanden, wo ich bin." Ebenso an Merck: „Da war ich
14 Tage allein, kein Mensch wußte, wo ich war" (Br. 3, 238).
„Bruder Wolf ist mit dem Herzoge wieder auf Abenteuer. In 14
Tagen sollen sie wieder hier sein. Das gebe Gott! befinden sich
übrigens an Leib und Seele frisch und gesund," so berichtet Wieland
an Merck (Riemer, Mitt. ü. G. II, 52).

ein Urlaub nur unter der Form erbeten, „nach einem kleinen Umwege" sich der Jagdgesellschaft „anschließen zu dürfen,"[1]) — ein Umweg, welcher sich allerdings zu annähernd drei Wochen, fast der Dauer des Jagdzuges ausdehnen sollte.

Während Karl August mit seiner Begleitung schon am 27. November nach Markfuhl bei Eisenach aufbrach, um den Klagen des Landvolkes über die Verwüstungen des Schwarzwildes ein Ende zu setzen,[2]) verließ Goethe zwei Tage später in der Frühe Weimar, sich nordwärts über den Ettersberg der goldenen Au und dem Harze zuwendend.[3]) Der Sturm pfeift um ihn;[4]) auf „scharfes Schlossenwetter" folgen „mitunter Sonnenblicke,"[5]) und die „wunderbar dunkle Verwirrung"[4]) seiner Gedanken löst sich in „reine Ruh".[5]) Mit der alten Wanderlust ergreift es ihn; wie ein Aufatmen der Befreiung klingt das, was er ausjubeln muß:

„Nur die Freude, die ich wie ein Kind habe, sollten Sie im Spiegel sehen können!   Gar hübsch ist's, auf seinem Pferde mit dem Mantelsäckchen wie auf einem Schiffe herumzukreuzen!"[6])

---

1) W. 33, 213. — 2) Schöll in Br. an Fr. v. St. 1, 429.

3) Tb. 1, 54 den 29. Nov.

4) Abschiedsgruß an Frau v. Stein, Br. 3, 189.

5) Tb. 1, 54 den 29. Nov.

6) Br. 3, 190 (2. Dez.), auch an Merck, Br. 3, 238. Eine genaue Skizze der Harzreise nach örtlichen und zeitlichen Details, wie sie H. Proehle den Spuren Goethes folgend gibt, („Goethe und der Harz" in seinen Abhandlungen über Goethe, Schiller, Bürger und einige ihrer Freunde, 1889, S. 32—44) ist in diesem Zusammenhange nicht beabsichtigt. Ein kurzes Itinerare mit Chronologie der Briefe bei Abeken, Goethes Harzreise im Winter, Weft. Jahrb., 17. Bd. 1865. S. 315.

Nicht Härten der Witterung, nicht Unbequemlichkeiten des Weges, nicht nächtliches Dunkel trüben seine Stimmung; allem weiß er einen eigenen Reiz abzugewinnen:

„Den 30.: Sonntag früh nach sechsen in Greußen mit einem Boten ab. War scharf gefroren und die Sonne ging mit herrlichsten Farben auf. Ich sah den Ettersberg, den Inselsberg, die Berge des Thüringer Waldes hinter mir. Dann in Wald, und im Heraustreten Sondershausen, das sehr angenehm liegt. Die Spitze des Brockens einen Augenblick   Dann bei Nordhausen weg   es hatte schon gegen Mittag zu regnen angefangen. Die Nacht kam leise und traurig. Auf Sachswerben, wo ich einen Boten mit einer Laterne nehmen mußte, um durch die tiefe Finsternis hierher (Ilefeld) zu kommen   War den ganzen Tag in gleicher Reinheit." [1] — Und ähnlich wie im Tagebuch im brieflichen Berichte: „Lieb Gold, Wege mitunter!!
Und wenn nun gleich die allzugefällige Nacht einem sich an den Rücken hängt!! — die Trauer an den langen seichten Wassern hin in der Dämmerung." [2]

Schon am dritten Tage entzückt ihn der herrliche Eintritt in den Harz:

„Den 1. Dezember. Montag früh sieben von Ilefeld ab. Mit einem Boten gegen Mittag in Elbingerode. Felsen und Bergweg. Gelindes Wetter, leiser Regen = dem Geier gleich. = " [3]

Wie einst in der Verkleidung des Wirtssohnes nach Sesenheim, [4] so ist er auch jetzt unter fremdem Namen in die Welt hinausgeritten:

---

1) Tb. 1, 55. — 2) Br. 3, 189, 2. Dez.
3) Tb. 1, 55. — 4) D. W., W. 27, 347 ff.

„Ich heiße Weber, bin ein Maler, habe iura studiert, oder ein Reisender überhaupt, betrage mich sehr höflich gegen jedermann und bin überall wohl aufgenommen."[1]

Wenn auch der Reiz des Geheimnisvollen dadurch noch erhöht wird, wenn es auch einer charakteristischen Vorliebe und Neigung Goethes entspricht,[2]

„unbekannt in der Welt herumzuziehen," ist's ihm doch, „als wenn" er sein „Verhältnis zu den Menschen und Sachen so weit wahrer fühlte,"[3]

so lockt es ihn wohl zumeist, auf diese Weise sich dem neuen Werther im Pfarrhause zu Wernigerode zu nahen. Als Zeichenkünstler aus Gotha, am Weimarer Hofe wohlbekannt,[4] führt er sich bei Plessing ein, und befriedigt berichtet er vom Ergebnisse dieses Inkognitobesuches an die Freundin:

------

1) Br. 3, 192 (6. Dez.) — Tb. 1, 56 den 8. heißt es: „Nachmittag durchgelogen. Spazieren und Spaß mit den Fremden." Eine unlängst zu Tage gekommene, unmittelbare Bestätigung des Pseudonyms führt Hetsterbergk im 24. Bd. des G.-Jb., S. 253 f. an. Im Fremdenbuch der Grube Dorothea bei Clausthal findet sich Blatt 25 b die Einzeichnung:

Johann Wilhelm Weber aus Darmstadt,
b. 8. Dez. 1777.

Die Züge sind, wie das Facsimile im G.-Jb. zeigt, ganz die Goethes. Das Datum stimmt ebenfalls mit dem Tb. (1, 56, den 8.) überein. Der Name Weber lag als Familienname der Mutter (Textor) nahe, ebenso die Angabe des Goethe so wohlbekannten Darmstadt. — Derselbe Name Weber übrigens auch in den Postsendungen (Br. 3, 320).

2) Vgl. H. Grimm, a. a. O. 60.

3) Br. 3, 192, d. 6. Dez.

4) Wenn auch der Bericht der Camp. über das Verhältnis zu Plessing den Hauptzügen der Entwicklung nach wohl zuverlässig ist, so dürfte doch die so anziehend geschilderte Szene des Inkognito-

„Mein Abenteuer hab' ich bestanden, schön, ganz, wie ich mir's vorauserzählt, wie Sie's sehr vergnügen wird zu hören, denn Sie allein dürfen's hören, auch der Herzog, und so muß es Geheimnis sein. Es ist niedrig, aber schön, es ist nichts und viel, — die Götter wissen allein, was sie wollen, und was sie mit uns wollen, ihr Wille geschehe." [1]

Nachdem er so seinen nächstliegenden Zweck erreicht, reitet er weiter, am Nordostabhange des Harzes hin:

Besuches in ihren Äußerlichkeiten und Einzelheiten einer kritischen Prüfung nicht stand halten. Während das Tb. notiert: „d. 3. Nach Wernigerode, mit Pl. spazieren auf die Berge pp." (1, 56), ist hier von einem abendlichen Besuche im Plessingschen Hause die Rede (W. 33, 219—26), jedenfalls eine poetische Umgestaltung. Nach diesen späteren biographischen Ausführungen wünschte Pl. eine Schilderung des Weimarer Kreises, namentlich Goethes, die der fremde Künstler „mit großer Ingenuität" vortrug; er klagte, daß Goethe ihn seit Monaten vergebens auf Antwort warten lasse, worauf dann, unter freundlicher Bewirtung, die Vorlesung jener merkwürdigen Blätter folgte, die G. „in- und auswendig kannte." Unter Entfaltung seiner ganzen Beredsamkeit suchte der Gast nun den Unglücklichen auf die Außenwelt, auf tätiges Eingreifen in die Wirklichkeit hinzulenken, schilderte ihm mit malerischer Poesie seine Winterreise und deren Eindrücke, kurz, bemühte sich, durch alles einem so „zarten Falle" Entsprechende „die überspannten Forderungen herabzustimmen," — jedoch ohne Verständnis zu finden: „es könne und solle ihm nichts auf dieser Welt genügen," war die Versicherung, bei der Pl. beharrte. Nur zur Not entrann G. der Vorlesung des zweiten, ihm gleichfalls nicht unbekannten schriftlichen Erlasses, als er am späten Abend schied, um unter dem winternächtlichen Sternenhimmel aufzuatmen. Einer Einladung für den folgenden Tag entzog er sich durch ein freundliches Abschiedsbillet in der Frühe des nächsten Morgens.

1) Den 4. Dez., Br. 3, 190.

„Über Ilsenburg auf Goslar ingrimmig Wetter." [1] „Was die Stürme für Zeugs in diesen Gebirgen ausbrauen, ist unsäglich, Sturm, Schnee, Schlossen, Regen, und zwei Meilen an einer Nordwand eines Waldgebirgs her." [2]

Wenn er bei günstigerer Witterung im Freien umherschweift und zeichnet, [3] so steigt er jetzt (nachdem schon vorher die seltsamen Gestaltungen der Baumannshöhle den „reinen", „ruhigen" Blick [4] erfreuten,) in die Tiefen der Berge hinab, [5] und auch die Hüttenwerke an der Ocker werden eingehend besichtigt:

„Daß ich jetzt um und in Bergwerken lebe, werden Sie vielleicht schon erraten haben." [6]

Und bei all dem ist Menschenleben und Treiben sein stetes Studium; der ursprünglichsten, unverfälschtesten Naturäußerung sucht er mehr und mehr nahe zu kommen:

„Den sonderbaren, dramatisch ministerialischen Effekt, den die Welt auf mich macht, durch die ich ziehe!! Das Schönste von dieser Wallfahrt ist, daß ich meine Ideen bestätigt finde auf jedem Schritt über Wirtschaft, es sei ein Bauerngut oder ein Fürstentum, und daß sie so

---

1) Den 4. Dez., Tb. 1, 55.

2) Den 4. Dez., Br. 3, 190.

3) Den 2. und 6. Dez., Br. 3, 189 und 192 f.

4) Tb. 1, 55, den 1. und 2. Dez. Vgl. Camp., W. 33, 216 f. und 224.

5) Den 5.—9. und 12.—13. Dez. (Rammelsberg, Goslar, Clausthal u. s. w.), Tb. 1, 55 und 56.

6) Den 9. Dez., Br. 3, 196. Bei dieser Gelegenheit entrinnt Goethe eben noch der Gefahr, durch ein herabstürzendes Felsstück zerschmettert zu werden: „Gestern, Liebste, hat mir das Schicksal wieder ein groß Kompliment gemacht" (Vgl. ebd.).

simpel sind, daß man gar nicht zu reisen brauchte, wenn man bei sich was lernte." ¹) — und —

„Die Menschen streichen sich recht auf mir, wie auf einem Probierstein, ihre Gefälligkeit, Gleichgültigkeit ... und Grobheit, eins mit dem andern macht mir Spaß, — Summa Summarum — es ist die Prätension aller Prätensionen, keine zu haben." ²)

Mit menschlich warmer Empfänglichkeit und Teilnahme gibt er sich so dem Verkehr mit dem geringen Volke hin:

„Wie sehr ich wieder auf diesem dunkeln Zug Liebe zu der Klasse von Menschen gekriegt habe, die man die niedere nennt! die aber gewiß für Gott die höchste ist. Da sind doch alle Tugenden beisammen, Beschränktheit, Genügsamkeit, grader Sinn, Treue, Freude über das leidlichste Gute, Harmlosigkeit, Dulden, — Dulden — Ausharren in un — — ich will mich nicht in Ausrufen verlieren." ³)

Es ist ja ein tiefer, ursprünglicher Drang seines Wesens, in den Szenen primitiven Lebens, des stillen,

---

1) Br. 3, 194, den 7. Dez.

2) Br. 3, 195 f., den 9. Dez. Ein anschaulich ausgeführtes Einzelbild in der Szene im Gasthof zu Ilfeld (Camp. W. 33, 215 f., Tb. d. 30. Nov., 1, 55), wo G. durch eine Astlücke der Tür das Treiben einer fröhlichen Gesellschaft „ruhig beobachten konnte," als wenn der hinkende Teufel ihm zur Seite stehe: „gespensterhaft, als säh' ich in einer Berghöhle wohlgemute Geister sich erlustigen," — ein Seitenstück zu Br. 3, 194 den 9., wo er launig berichtet, wie er in seiner „Verkappung" nun die Menschen ganz vor sich gewähren und ihre Rolle gemächlich ausspielen läßt. Vgl. dazu die Umwandlung, welche die Szene in Auerbachs Keller (Faust, I. Teil, W. 14, 98 ff.) gegenüber der ursprünglichen Fassung im Urfaust erfährt.

3) Br. 3, 191, den 4. Dez.

seiner selbst nicht bewußten, von der Natur getragenen
Daseins die objektiven Gegenbilder seiner subjektiven
Stimmungen zu suchen,[1] ein Drang, der auch jetzt seine
Verwirklichung findet, mit unendlicher Befriedigung ihn
erfüllend:

„Der Nutzen aber, den das auf meinen phantastischen
Sinn hat, mit lauter Menschen umzugehen, die ein be=
stimmtes, einfaches, dauerndes, wichtiges Geschäft haben,
ist unsäglich. Es ist wie ein kaltes Bad, das einen aus
einer bürgerlich wollüstigen Abspannung wieder zu einem
neuen kräftigen Leben zusammenzieht."[2]

So bietet auch der bescheidenste Genuß des Daseins
dem Wanderer Erfrischung; „er stürzt sich in Frost, um
ganz die Erwärmung zu fühlen, taucht in Nacht, um fröh=
lich zum Lichte emporzufahren, in Müdigkeit und Hunger,
um die Wohltat der Labe und des Lagers zu segnen, in
Winter und Gefahr, um im einfachsten Lebensgefühl sich
zu erbauen:"[3]

„Wie wenig der Mensch bedarf, und wie lieb es
ihm wird, wenn er fühlt, wie sehr er das wenige
bedarf!"[4] — „Ich drehe mich auf einem sehr kleinen,
aber sehr merkwürdigen Fleckchen Welt herum. Die
kurzen Tage machen alles weiter. Und es ist gar ein
schön Gefühl, wenn von Platz zu Platz aus Abend und
Morgen ein Tag wird."[5]

---

1) In dichterischer Umsetzung in Werther und Faust, wo diese
Gegenbilder so mannigfaltig und so ungemein bezeichnend für den
Dichter hervortreten. Vgl. W. Hehn, Gedanken über Goethe, S. 189.

2) Br. 3, 195, den 9. Dez. — 3) Schöll, Br. an Fr. v. St.
1, 69.

4) Briefe 3, 191, den 4. Dez. — 5) Br. 3, 193, den 6. Dez.

Und in dies ganze Streben und Weben spinnen Freundschaft und Liebe ihre bunten Fäden hinein; in der Trennung ist der Einsame denen nahe, welche er zurück=gelassen hat, — vor allem Frau von Stein, die er zur steten Teilnehmerin all seiner Eindrücke und Empfindungen macht;[1) es kommen Stunden, da dieses Gedenken zu wehmütiger Sehnsucht sich steigert:

„Ich denke des Tages hundertmal an den Herzog und wünsche ihm den Mitgenuß so eines Lebens, aber den rechten Geschmack davon kann er noch nicht haben, er gefällt sich noch zu sehr, das Natürliche zu was Abenteuerlichem zu machen, statt daß es einem erst wohl tut, wenn das Abenteuerliche natürlich wird.“ [2) „Heute den ganzen Tag schwätz ich mit Ihnen, was ich des Abends schreiben wollte.“ [3) Ich „habe Ihnen viel erzählt unterwegs, o ich bin ein geschwätziger Mensch, wenn ich allein bin.“ [4) — „Heute früh hab ich wahr=haftig schon Heimweh, es ist mir, als wenn mir mein Tal wie ein Klotz angebunden wäre. Ich bin immer um unsere Gegenden und treffe Sie vermutlich da an.“ [5) — „Also, daß Ihre Liebe bei mir bleibe und die Liebe der Götter!“ [6)

So streift er durch Täler und Höhen umher, voll und ganz dem Augenblicke lebend:

---

1) Um das Geheimnis zu wahren, gelangten die Briefsendungen durch Vermittlung seines Dieners Ph. Seidel an Frau v. Stein. Vgl. Br. 3, 201, sowie Schöll, Br. 1, 431.

2) Br. 3, 196, den 9. Dez. — 3) Br. 3, 194, den 8. Dez.

4) Br. 3, 200, den 11. Dez.

5) Br. 3, 193, den 7. Dez. Vgl. Tb. 1, 55: „Heimweh.“

6) Br. 3, 197, den 9. Dez.

„Ich weiß nun noch nicht, wie sich diese Irrfahrt endigen wird, so gewohnt bin ich, mich vom Schicksale leiten zu lassen, daß ich gar keine Hast mehr in mir spüre; nur manchmal dämmern leise Träume von Sorg= lichkeit wieder auf; die werden aber auch schwinden.“ [1]

Das Glück dieser Gegenwart wirft milde Strahlen auch auf die Vergangenheit; nur dann und wann ein schwacher Reflex dessen, was ihn hinausgetrieben!

„Was die Unruhe ist, die in mir stickt, mag ich nicht untersuchen, auch nicht untersucht haben. Wenn ich so allein bin, erkenn ich mich recht wieder, wie ich in meiner ersten Jugend war, da ich so ganz allein unter der Welt umhertrieb. So lang ich im Druck lebte, so lang niemand für das, was in mir auf= und abstieg, einig' Gefühl hatte, vielmehr, wie's geschieht, die Menschen erst mich nicht achteten, dann wegen einiger widerrennender Sonderbarkeiten scheel ansahen, hatte ich mit aller Lauterkeit meines Herzens eine Menge falscher, schiefer Prätensionen. Da war ich elend, genagt, gedrückt, verstümmelt, wie Sie wollen. Jetzt ist's kurios, besonders die Tage her in der freiwilligen Entäußerung, was da für Lieblichkeit, für Glück drinne steckt.“ [2]

Es ist, als ob inmitten dieser Selbstbesinnung, in dem Ernst der Stimmung, der alles durchwaltet, das Bewußt= sein eines neuen Lebensgehaltes sich verdichte:

„Sie sehen wohl, daß ich auf den Bergen bin, weil sich in so wenig Stunden das Klima so sehr verändern

---

1) Br. 3, 191 f., den 4. Dez.
2) Br. 3, 195, den 9. Dez. Vgl. einen ähnlichen Rückblick Tb. 1, 93 f.

kann. Aber nicht allein das Klima. Ich hab Ihnen viel zu erzählen, wenn ich wiederkomme." [1]

Von einem Wunsche aber wird die scheinbar planlose Weiterfahrt geleitet; dunkle Andeutungen an Frau von Stein lassen schließen, daß es ihn, immer bestimmter, unwiderstehlicher, zu einem kühnen Ziele hinlockt, welches indes, unerreichbar, wieder in die Ferne zu schwinden droht:

„Guten Morgen noch bei Lichte! Es regnet arg, und niemand reist, außer, wen Not treibt und bringend Geschäft, und mich treiben seltsame Gedanken in der Welt herum." [2] — „Eine reine Ruh und Sicherheit umgibt mich, bisher ist mir noch alles zu Glück geschlagen, die Luft hellt sich auf, es wird diese Nacht sehr frieren. Es ist erstes Viertel, ich hab' einen Wunsch auf den Vollmond, wenn ihn die Götter erhören, wär's großen Dank wert. Ich nehm auch nur mit der Hälfte vorlieb." [3] — „Mir ist ganz wunderlich, als wenn mich's von hier wegpeitschte." [4] — „Schöne Mondnacht, und alles weiß im Schnee." [5] — „Liebes Gold! Ich habe an keinem Orte Ruh, ich habe mich tiefer ins Gebirg gesenkt und will morgen von da in seltsame Gegenden streifen, wenn ich einen Führer durch den Schnee finde." [6]

Am 10. Dezember gelangt Goethe von Altenau [7] zum sogenannten Torfhause am Brocken, [8] einer Försterswohnung, noch zwei Stunden vom Gipfel entfernt; [9] aber

---

1) Br. 3, 193, den 7. Dez. abends.
2) Den 5., Br. 3, 192. — 3) d. 6., Br. 3, 192.
4) Den 7., Br. 3, 193. — 5) ebd. — 6) d. 9., Br. 3, 196.
7) und 8) Tb. 1, 56 und 57. — 9) Br. 3, 200, den 10.

auch jetzt ist bei Nebel und Schnee kein Führer zu ermitteln; selbst der Förster, der hier schon viele Jahre am Fuße des Berges wohnt, hält das Wagnis einer Brockenbesteigung um diese Jahreszeit für unmöglich:[1)]

„Da saß ich mit schwerem Herzen, mit halben Gedanken, wie ich zurückkehren wollte. Und ich kam mir vor wie der König, den der Prophet mit dem Bogen schlagen heißt und der zu wenig schlägt. Ich war still und bat die Götter, das Herz dieses Menschen zu wenden und das Wetter, und war still.“

Da plötzlich sinkt der Nebel, — und schon um Mittag steht der Wanderer auf der Höhe des Gebirges bei klarer, heiterer Sonne,[2)] fühlt sich beim Abstiege durch die herr-

---

1) Br. 3, 75—78 an Merck. — Eine an sich hervorragende Leistung kann zwar die Besteigung des Brockens im Winter nicht genannt werden; bezeichnend ist aber, daß zu einer Zeit, „da erst wenige Menschen an einem solchen Unternehmen Vergnügen fanden,“ diese Winterpartie von Goethe unternommen wurde. Vielleicht kannte er die Brockenbesteigung von Chr. Mylius, der sich von Osnabrück aus den Weg durch drei Fuß hohen Schnee bahnte (hsg. v. Kästner und Mylius in den „Physikalischen Belustigungen,“ Stück 24); oder Zachariä's Winterreise von Goslar nach Clausthal, in seiner „Hercynia“ scherzhaft besungen. Vgl. Proehle, a. a. O. S. 31, Fr. Maschek, Goethes Reisen. K. Scheffer, Goethes Ode: Harzreise im Winter (Pädagogische Blätter, 7. Bd. 1878, S. 156) führt frühere Brockenbesteiger an, darunter noch manche bekannte Dichternamen.

2) Damals stand auf dem Brockengipfel erst das Häuschen, welchem der Brockenschriftsteller Schröder später den Namen „Wolkenhäuschen“ gab. Bei seiner dritten Brockenbesteigung trug Goethe sich in das Fremdenbuch ein:

   „Quis coelum posset nisi coeli munere nosse
   Et reperire Deum, nisi qui pars ipse deorum est?“

Vgl. Proehle, a. a. O. S. 50. Goed. 4, 488.

liche Erscheinung farbiger Schatten „in eine Feenwelt" versetzt,[1]) und bei hereinbrechender Nacht versenkt er sich in den Zauber der Vollmondbeleuchtung. Ganz hingerissen von der Erhabenheit des schneebedeckten Gebirges offenbart er jetzt, noch am Abende, der Freundin das, was er bisher so sorgfältig als Geheimnis gehütet, und jedes Wort zeugt von dichterischer Begeisterung, von einer religiösen Weihe, die in alles hineinstrahlt:

„Was soll ich dem Herrn sagen mit Federspulen, was für ein Lied soll ich von ihm singen? im Augenblick, wo mir alle Prosa zur Poesie und alle Poesie zur Prosa wird. Es ist schon nicht möglich, mit der Lippe zu sagen, was mir widerfahren ist, wie soll ich's mit dem spitzen Ding hervorbringen. Liebe Frau! Mit mir verfährt Gott wie mit seinen alten Heiligen, und ich weiß nicht, woher mir's kommt. Wenn ich zum Befestigungszeichen bitte, daß möge das Fell trocken sein und die Tenne naß, so ist's so, und umgekehrt auch, und mehr als alles die übermütterliche Leitung zu meinen Wünschen. Das Ziel meines Verlangens ist erreicht, es hängt an vielen Fäden, und viele Fäden hingen davon ab, Sie wissen, wie symbolisch mein Dasein ist — — — Und die Demut, die sich die Götter zu verherrlichen einen Spaß machen, und die Hingegebenheit von Augenblick zu Augenblick, die ich habe, und die vollste Erfüllung meiner Hoffnungen — —. Ich will Ihnen entdecken (sagen Sie's niemand), daß meine Reise auf den Harz

---

1) W. 41, 337. Die ausführlichere Beschreibung und Erklärung dieser Erscheinung in dem Entwurf zur Farbenlehre: „alles in Purpur und Grün", „die zwei lebhaften und so schön übereinstimmenden Farben, gekleidet" (A. S. 1, 35, § 75).

war, daß ich wünschte, den Brocken zu besteigen, und
nun, Liebste, bin ich oben gewesen, ob mir's schon seit
acht Tagen alle Menschen als unmöglich versichern. Aber
das Wie, von allem das Warum soll aufgehoben sein,
wenn ich Sie wiedersehe.

Ich sagte: „Ich hab' einen Wunsch auf den Voll=
mond! — Nun, Liebste, tret ich vor die Türe hinaus,
da liegt der Brocken im hohen herrlichen Mondschein
über den Fichten vor mir, und ich war oben heut und
habe auf dem Teufelsaltar meinem Gott den liebsten
Dank geopfert." [1]

Am Abend des folgenden Tages erst einige Einzel=
heiten, und zum Schluß:

„Ich habe ein Zeichen geschnitten zum Zeugnis
meiner Freudentränen, und wär's nicht an Sie, hielt
ich's für Sünde, es zu schreiben. Ich hab's nicht ge=
glaubt bis auf der obersten Klippe. Alle Nebel lagen
unten, und oben war herrliche Klarheit, und heute Nacht
bis früh war er im Mondschein sichtbar und finster
auch in der Morgendämmerung, da ich aufbrach.
Adieu   ." [2]

Und im Tagebuch:

„.. Was ist der Mensch, daß Du sein gedenkst! .." [3]

Nachdem die Eindrücke und Empfindungen der Reise
sich bisher in aufsteigender Linie bewegt haben, fluten sie
nach dem Brockenerlebnis ebenso deutlich wie natürlich
zurück. Noch einige Tage zieht Goethe nun umher; aus

---

1) Br. 3, 199 f., den 10. Nachts gegen 7.

2) Br. 3, 200 f., den 11. Dez.

3) Tb. 1, 56, den 10. — Der Lieblingsspruch auch den 7. Nov.
1776, Tb. 1, 26 f. und den 8. Nov. 1777, Br. 3, 184.

der Region des Schnees gelangt er wieder in feuchtere
Witterung. Dann wendet er sich heimwärts und erreicht
am 15. Dezember in Eisenach den Herzog und die Jagd=
gesellschaft, um sie an der prasselnden Kaminflamme mit
der Erzählung seiner wunderlichen Abenteuer, der Schil=
derung des ganzen prächtigen Rittes zu rühren und zu
ergötzen.[1] Am 16. ist er wieder in Weimar,[2] seinem
kleinen Neste, vom Winter in Sturm gewickelt, in Schnee
verweht,[3] zu dem schon auf der Reise das Heimweh ihn
wieder hingezogen hat.

---

1) Tb. 1, 58, den 15. und Komm. W. 41, 338; Br. 3, 203,
den 27. (?) Dez.: „Hier sind Plessings Papiere."

2) Tb. 1, 58, den 16. Dez.

3) So nennt er es Tb. 1, 50.

Und nun zur Ode „Harzreiſe im Winter", der treuen Abſpiegelung einer glücklichen Wirklichkeit, wie ſie im Zuſammenwirken des Einzelnen zum Ganzen aus der Fülle des Erlebten emporwächſt, — dieſer Fülle des Erlebten, die an ſich ſchon anziehend und feſſelnd, nun auch der Dichtung noch höheres künſtleriſches Intereſſe leiht, ja, bedeutſam alle die kleinen Rätſel derſelben zu löſen und einfach=lichtvolle Zuſammenhänge zu erſchließen vermag!

Am frühen Morgen bricht der Reiſende auf; die Stadt liegt hinter ihm. [1] Bald umgibt ihn das Schweigen und die Öde der winterlichen Natur: nur hoch in den Lüften, im düſtern, ſchweren Gewölk, das ſich ſchneedrohend von Norden heranwälzt, ein majeſtätiſcher Vogel, ein Geier, — faſt regungslos, in dem unmerklichen, gleichmäßigen Schlage ſeiner Schwingen wie von den Wolken getragen! Den einſamen Wanderer faßt dieſes eigenartige Bild, ſo unmittelbar erlebt und geſchaut, [2] mit unwiderſtehlichem

---

1) Komm. 41, 330. — 2) Der Komm. ſagt zwar nur: „Ein ſchwerer, ſchneedrohender Himmel wälzt ſich ihm entgegen" (ebb.) — das Bild iſt alſo immerhin aus der Situation entſtanden zu denken. — Camp. W. 33, 215 u. 224, heißt es aber ausdrücklich: „Im düſtern und von Norden her ſich heranwälzenden Schneegewölk ſchwebte hoch ein Geier über mir." „jener morgendliche Schneehimmel über den Bergen". Im Tagebuch 1, 54: „Früh gegen 7 ab übern Ettersberg in ſcharfen Schloſſen." Die Lebhaftigkeit der

Reize. Es wird ihm zum Abbilde seines eigenen gegen=
wärtigen Zustandes: losgelöst von allem beengenden Ge=
wirre und Getriebe, — schwebend über dem Alltagsleben, —
jede Haft, jede Sorglichkeit wie ein leise verdämmernder
Traum in der Tiefe,[1] — von reiner Ruh und Sicherheit
umgeben,[2] so schaut auch er aus unendlich freier, stiller
Höhe herab. Da lösen sich die ersten Töne des Sanges;
das, was ihn in den Tagen der Weltabgeschiedenheit be=
wegt, emporhebt, will sich zum Liede gestalten, ernst=
feierlich, leidenschaftslos, in gedämpfte Empfindungen ge=
taucht:

1 Dem Geier gleich,

    Der auf schweren Morgenwolken

    Mit sanftem Fittich ruhend

    Nach Beute schaut,

5 Schwebe mein Lied.[3]

Und wie das Bewußtsein dieses Dichterberufes und
Dichterruhmes ihn mit alles überflutender Gewißheit durch=
dringt, wie sein ganzes Wesen von vollem, beglückendem

Erinnerung hier, wie die Übereinstimmung der Situation dort, über=
haupt die wechselseitige Ergänzung der kleinen Einzelzüge läßt ein
wirkliches Erleben für dieses Bild vom Geier wohl ohne Zweifel,
wobei impulsives Ineinanderschmelzen mit dem literarisch=konventio=
nellen Motive nicht unbedingt ausgeschlossen ist. G. v. Loeper,
Goethes Gedichte 1882—84, 2, 317 erkennt nur homerische oder bib=
lische Reminiszenzen. Hiergegen wohl B. Litzmann, Goethes Lyrik,
Erläuterungen nach künstlerischen Gesichtspunkten, 1903 S. 204.
Vorliegende Abhandlung ist vor Erscheinen dieses Buches entstanden
und war bereits im wesentlichen abgeschlossen. Nachträglich ist, soweit
dies erforderlich schien und möglich war, darauf Bezug genommen worden.

1) S. o. S. 38. — 2) S. o. S. 39.

3) Ein Eingangsbild von ähnlicher charakteristischer Bestimmtheit
in „Wanderers Sturmlied“ (W. 2, 67):

Daseinsgefühle überfließt, — in unendlicher Weite tut es
sich da vor seinen Blicken auf: im eigenen Ich erfaßt er
das Los der ganzen Menschheit; ihr Leben und Streben,
ihr Glück und Leid stellt sich ihm dar in seiner starren
Gegensätzlichkeit, mit der Unabänderlichkeit ewiger Schick=
salssprüche. Der erste Akt, die dichterische Erhebung, be=
dingt ohne weiteres den zweiten, dieses geistige, erhabene
Schauen als seine, ureigenste Bestimmung:

> Denn[1]) ein Gott hat
> Jedem seine Bahn
> Vorgezeichnet,
> Die der Glückliche
> 10 Rasch zum freudigen
> Ziele rennt.

Die momentane Vorstellung der vom Glück Bevorzug=
ten, so selbstverständlich als Reflex der ganzen Situation,[2])
verflüchtigt sich alsbald, und die Gegenvorstellung gewinnt

> Wen du nicht verlässest, Genius,
> Wird dem Regengewölk,
> Wird dem Schlossensturm
> Entgegen singen,
> Wie die Lerche,
> Du da droben."

Vgl. D. W., 13. B. (W. 28, 213 f.): „Die wahre Poesie
hebt uns . in höhere Regionen, und läßt die verwirrten Irr=
gänge der Erde in Vogelperspektive vor uns entwickelt liegen."

1) Die Auffassung des Dichterberufes bildet also den inneren
Faden, etwas schwierig, ebenso wie die prägnante Kühnheit des syntak=
tischen Anschlusses („denn"). Abeken a. a. O. 181 weist auf das
griechische γαρ, das da gesetzt wird, wo auf eine Ankündigung das
Angekündigte folgt.

2) Komm. 41, 331.

intensivere Gestaltung: während dort ein frohes, selbstge=
wisses -Streben,[1) hier nur ein fruchtloses Ringen gegen
Hindernis und Hemmung, und endlich auch der Tod, der
einzige Befreier, nur als Bringer herben Schmerzes
nahend (denn die Liebe zum Leben wurzelt so tief in
der menschlichen Natur)! —

> Wem aber Unglück
> Das Herz zusammenzog,
> Er sträubt vergebens
> 15 Sich gegen die Schranken
> Des ehernen Fadens,
> Den die doch bittre Schere
> Nur einmal löst.

Gerade das Bild des Unglückes liegt dem sinnenden
Dichter unmittelbar nahe; gilt doch einem armen, gequäl=
ten Jünglinge zunächst seine Fahrt, und noch so manches
ihm engverbundene Dasein mag ihm vorschweben.[2)

Es sind unzweifelhaft antike Reminiszenzen, welche
der engen, frappierenden Verkettung der ganzen Gleichnis=
reihe zu Grunde liegen.[3) Über all diesen Kontrasten steht

---

1) R. M. Meyer, Goethe als Psycholog (G. Jb. 22, *14) er=
blickt in diesen Gedankengängen die Goethe eigentümliche Gegenüber=
stellung von „Streben“ und „Irren“. Letzteres wäre allerdings
weniger deutlich ausgedrückt als ersteres, (d. h. das aus dem innersten
Kern der Individualität herauswachsende Bedürfnis, sich dem eigenen
„Formtrieb“ entsprechend zu entwickeln).

2) Goethe gedenkt in dieser Zeit wiederholt seiner verstorbenen
Schwester, die auch nicht ein Kind des sonnigen Glückes war;
vgl. Br. 3, 188 (16. Nov.) und Tagebuch W. 1, 55 (7. Dez.):
„Geburtstag meiner abgeschiedenen Schwester.“ —

3) B. Litzmann (a. a. O. S. 205) vergleicht die raschen und
deshalb etwas schwierigen, aber streng logischen Gedankenübergänge

das starre Fatum, die schickfalvorzeichnende Macht; deut=
lich klingt dann (— wachgerufen durch die Situation der
ungewohnten, kämpfenden Fahrt —) die Vorstellung der
griechischen Rennbahn mit dem kühnen Laufe des Siegers
an,[1] und leise spielt diese auch noch hervor aus dem Bilde
der „Schranken“, welche den Unglücklichen auf seinen
Platz bannen, die Entfaltung seiner Kräfte unmöglich
machen — um dann, durch die Vorstellung verstrickender,
unzerreißbarer Fesseln ausgelöst und einen Moment fest=
gehalten („Beengung des Herzens“), fast unmerkbar über=
zugehen in das homerische Bild des Lebensfadens, den
die Parzen spinnen und zur bestimmten Zeit zerschneiden.[2]
Die Unwiderruflichkeit des Schicksals tritt als Grundele=
ment Goethischer Anschauungen in dieser Epoche nicht sel=

W. 6—19 mit dem Heraufsteigen kristallener Luftblasen aus der Tiefe
eines Brunnens, — ein sehr anziehendes Bild.

[1] Der Pindarsche Vorstellungskreis, namentlich die Siegesge=
sänge, sind Goethe so ganz geläufig; man vgl. nur „Wanderers Sturm=
lied“ (W. 2. 70 W. 101—109): „Wenn die Räder rasselten, Rad
an Rad rasch ums Ziel weg ꝛc.“

[2] Manche erklärende Parallelstellen gerade in den an den
griechischen Mythus knüpfenden Iphigenie=Vorstellungen:

> „Weh mir, es haben die Übermächtigen
> Der Heldenbrust grausame Qualen
> Mit ehrnen Ketten fest aufgeschmiedet.“
>
> (Iph. III. 2, W. 10, 56).

„Ein ehern Band schmiedet der Gott um ihre Stirne“
„ehern Geschick“ (ebb. W. 10, 16 u. 24). — Bild vom Netz: Il.
3 W. 41 und Iph. II 2. W. 10, 39 u. 40. — Der Schicksalsfaden: Il.
20, W. 127—28; 24, W. 390 u. 97 und Faust II. W. 15, 33.
Kontrastierend:

> „Unsere Rückkehr hängt an zarten Fäden,
> Die, scheint es, eine günst’ge Parze spinnt.“
>
> (Iph. III. 3, W. 10, 57).

ten hervor;[1]) sie taucht auch wiederholt in den Vor=
stellungskreisen der Harzreise auf, und zwar in der Form,
daß er sich selbst zu den von einem freundlichen Geschicke
Geleiteten zählt.[2])

Eine Unterbrechung! Ein Landschaftsbild fesselt den
Dichter und zieht ihn von seinem bisherigen Sinnen ab;
eine neue Gedankenflucht eröffnet sich.[3]) Wohl auf einer
Höhe, am Rande eines Gehölzes haltend, überschaut er die
öde, winterliche Gegend. Kaum eine Spur von Leben!
Teiche und Seen gefroren! Alles wie erstarrt! Nur
vorüberhuschendes Wild dicht in der Nähe, das ebenso
schnell wieder im Schutze des Waldes verschwindet, und
in der Ferne die Umrisse menschlicher Behausungen, die
eben emportauchen, — — eine Stadt[4]), vielleicht die „wun=
derlichen Turm= und Mauerbefestigungen" von Nordhausen,
(deren Anblick „bei hereinbrechender Dämmerung" auf
Goethe so lebhaften Eindruck hervorbrachte.[5]))

In Dickichts=Schauer
20 Drängt sich das rauhe Wild,

Bittre Schere: nur aus dem schnellen Über= und Abspringen der
Gedanken zu verstehen, löst dieser Terminus dennoch treffend die beab=
sichtigte Vorstellung aus.

1) Vgl. Prometheus (W. 2, 77):

„Die allmächtige Zeit
Und das ewige Schicksal,
Meine Herrn und deine."

Eine mehr spinozistische Färbung in „Das Göttliche": „Nach
ewigen, ehrnen, Großen Gesetzen, Müssen wir alle Unseres Daseins
Kreise vollenden" (W. 2, 84). Vgl. auch Br. 3, 188 (16. Nov.)
u. 3, 184 (8. Nov.). — 2) S. o. S. 33 und 41.

3) Komm. W. 41, 332. — 4) ebd.

5) Camp. W. 33, 224.

Und mit den Sperlingen

Haben längst die Reichen

In ihre Sümpfe sich gesenkt.

Der rüstige Wanderer, der sich freiwillig aller städtischen Bequemlichkeiten entäußert und den Gefahren rauher, winterlicher Gebirgswege Trotz bietet, der die „Lieblichkeit und das Glück" selbstgewollter Entbehrungen durchkostet,[1] er faßt dieses Bild aus ganz eigenartiger Perspektive. In seiner Stimmung leidenschaftlichster, konzentriertester Energie wird ihm solch natürliches Schutzbedürfnis gegenüber den Härten der Natur für den Augenblick identisch mit weichlicher Flucht, und eine leicht verächtliche Nuance fließt unwillkürlich in die Ausmalung eines Zustandes, welcher für ihn nichts Verlockendes hat und dessen künstlerisch anschauliche Umsetzung einer etwas befremdlichen, doch ihm naheliegenden Beobachtung oder Vorstellung entspringt. („Und mit den Sperlingen haben längst die Reichen In ihre Sümpfe sich gesenkt"[2]) Der geringschätzige Anflug dieses Vergleiches entspricht auch schon im allgemeinen der Situation des kühn Wagenden, des mühsam

---

1) S. o. S. 36.

2) H. Düntzer, Goethes lyrische Gedichte 9, (69. Bd. der Erläuterungen zu den deutsch. Klassikern) S. 58 weist gegenüber der Erklärung des Dichters, der von „Rohrsperlingen" spricht, (Komm. W. 41, 333), darauf hin, daß nur Feldsperlinge gemeint sein können, die aber im Winter sich den Wohnungen der Menschen nähern", „Rohrsperlinge suchen spätestens im September wärmere Gegenden auf". — Die Feststellung, ob hier „Rohrsperlinge" in Betracht kommen dürften oder nicht, möchte bei der Vieldeutigkeit dieser Bezeichnung schwer fallen, und die naturwissenschaftliche Kenntnis Goethes auf solchem Gebiete (1820!) wird doch nicht so gering anzuschlagen sein.

Reisenden, der „guten Mutes" bedürfend, sich leicht zum „Übermut" versteigt. (So der Kommentar![1]))

An Beobachtung und Gleichnis anknüpfend, spinnt die Reflexion ihre Fäden weiter,[2] nachdem das Bild der Wohlhabenden und Wohlgeborgenen zu der vorher abgebrochenen Gedankenreihe zurückgeführt hat. In variierenden Gestaltungen der Phantasie tritt die Bevorzugung der Lieblinge des Glückes wieder vor die Seele des Dichters, während das Hochgefühl der augenblicklichen Entäußerung, des ganzen auf sich selbst Gestelltseins noch nachwirkt und, sich zu leichter Selbstironie verdichtend, den beiden Bildern ihre Färbung gibt; denn unverkennbar bergen sie persönliche Beziehungen[3]) für den so ungewöhnlich begünstigten Freund und Gefährten eines Fürsten:

> Leicht ist's folgen dem Wagen,
> 25 Den Fortuna führt,
> Wie der gemächliche Troß
> Auf gebesserten Wegen
> Hinter des Fürsten Einzug.

Wie im früheren Bilde (in V. 9—10) das Ungehemmte, — das Zielbewußtsein und die Zielfreudigkeit — zum Ausdrucke strebte, so stellt sich das Leben des Glücklichen jetzt unter dem Gesichtspunkte des Unverdienten und Zufälligen, des mühelosen Genießens dar, sowohl in dem Wagen Fortunas (anscheinend eine Neubildung auf antiker Grundlage[4]), als in der charakteristischen Ergänzung der Züge im folgenden, ähnlichen Bilde.

---

1) Komm. W. 41, 332. — 2) Vgl. Litzmann a. a. O. 208.

3) W. 41, 332 von Goethe selbst in diesem Sinne erklärt.

4) Der Wagen ein ungewöhnliches Attribut Fortunas, bei Horaz ein „Wagen des Ruhmes". Vielleicht spielt, etwa aus v. 9—11, die Vorstellung des Siegeswagens hinein.

Und nun eine überraſchende Wendung! Wenn das Glück die Menſchen zuſammenführt, ſie zur Geſelligkeit lockt, ſo iſt Vereinſamung und Verlaſſenheit ein Los des Unglücklichen —; indem dieſes kontraſtierende Moment in der Seele des Dichters Geſtalt gewinnen will, kommt ihm plötzlich eine neue Anſchauung in eigenartig packender Weiſe entgegen.[1]

Ein Wanderer in der Wildnis, deſſen Schritt, einen Augenblick herannahend, ſich nun wieder entfernt und langſam in der Ferne verhallt! verſchwunden und ver= loren im einſamen, totenſtillen Walde! Wirklichkeit und Idee fließen in eins, und die Geſtalt des Jünglings, den der Dichter in ſelbſtgewählter Abgeſchloſſenheit aufſuchen will, löſt ſich von dem Hintergrunde allgemeiner Betrach= tung und tritt greifbar und lebensvoll vor ſein Auge:

> Aber abſeits, wer iſt's?
> 30 Ins Gebüſch verliert ſich ſein Pfad,
> Hinter ihm ſchlagen
> Die Sträuche zuſammen,
> Das Gras ſteht wieder auf,
> Die Öde verſchlingt ihn.[2]

---

1) Offenbar iſt es bei der wunderbaren Unmittelbarkeit der fol= genden Zeichnung u. den parallelen ſchöpferiſchen Vorgängen V. 1—5, 19—20 teils auf ungenaue Erinnerung zurückzuführen, teils auf die (wohl nicht zufällige) Kürze des Kommentars in dieſer Partie, wenn der Dichter allgemein von einem „Ausmalen", alſo einer geiſtigen Operation ohne Grundlage der Anſchauung ſpricht (W. 41, 333).

2) Vgl. Taſſo II, 1. W. 10, 144:
> Auf dieſem Wege werden wir wohl nie
> Geſellſchaft finden, Taſſo! Dieſer Pfad
> Verleitet uns, durch einſames Gebüſch,
> Durch ſtille Täler fortzuwandern."

Den Zustand des Armen, welcher ihm so unmittelbar wieder nahe gebracht worden, malt die Phantasie des Wanderers weiter aus, und zwar in den Farben inniger Gemütsteilnahme, menschlich=warmer Empfindung, wie sie ihn auf den Weg geführt und nun seine Gedanken inten= siv und dauernd in diese eine Richtung lenkt:[1]

35   Ach, wer heilet die Schmerzen

Des, dem Balsam zu Gift ward?

Der sich Menschenhaß

Aus der Fülle der Liebe trank?

Erst verachtet, nun ein Verächter,

40   Zehrt er heimlich auf

Seinen eigenen Wert

In ung'nügender Selbstsucht.

In die engen Fesseln eines ungünstigen Geschickes ge= bannt und doch am Dasein hängend (V. 13—19), verein= samt und verlassen (V. 29—35), so schwebte die Lage des Unglücklichen dem Dichter zunächst vor, — das erste Sta= dium eines qualvollen Zustandes! Und nun eine weitere Entwicklung, eine Steigerung durch neue, verhängnis= vollere Symptome, in bang hervorbrechender Klage erfaßt! Das edelste Bedürfnis des Menschen, zugleich Inbegriff seiner Glückseligkeit, sein Streben nach Verständnis und Teilnahme, nichts anderes als dieses ist Quelle des Elen= des für den Jüngling geworden;[2] indem er sich mißver=

---

1) Camp., W. 33, 217, spricht Goethe von dem „damaligen liebevollen Zustande" seines Innern.

2) Derselbe Gedanke, welcher die innere Verbindung von V. 29— 35 mit 35—43 bildet, kehrt ähnlich im Tasso wieder (W. 10, 117):

„Die Menschen fürchtet nur, wer sie nicht kennt,

Und wer sie meidet, wird sie bald verkennen,

ftanden und zurückgeftoßen fühlt, wird Menſchenflucht gar
bald zum Menſchenhaſſe,¹) der Lebensmut und Lebenskraft
zerſtört. In dieſer Individualiſierung einer einzigen un=
glücklichen Diſpoſition, in dieſem ſo unendlich feinen, ver=
tieften Charakterbilde des jungen Pleſſing ſteigt wohl die
Erinnerung eigener vergangener Stimmungen in der Seele
Goethes empor:²) die Jahre krankhafter Auflehnung gegen
die Wirklichkeit und trunkenen Schwelgens in einſeitiger
Gefühlsüberreizung, die er noch unlängſt durchlebte
und durchkämpfte, treten ihm wieder nahe.³) In dem
Spiegelbilde ſchaut er ſein einſtiges Ich, wie die dichte=
riſche Ausmalung dieſer Qualen, ihrer Geneſis und ihrer
Konſequenzen immer wieder, bis zur Geſtalt Taſſos hin,
ſeinen Pinſel reizt und das ehedem Empfundene ſeine
lebhafteſte Objektivierung findet. Das dankbare Bewußt=
ſein der eigenen Befreiung quillt nun auf in den innig=
weichen Tönen des Gebetes an den Vater der Liebe,

Das iſt ſein Fall, und ſo wird nach und nach
Ein frei Gemüt verworren und gefeſſelt."

Loeper, a. a. O. 2, 317 weiſt zu V. 39 auf bibliſche Anklänge,
„verachtete Verächter" Jeſ. 24, 16.

1) Vgl. W. 5, 162, „Zu den Leiden des jungen Werther":
„Ach, der heiligſte von unſern Trieben,
Warum quillt aus ihm die grimme Pein?"
Analoger Gedanke, für die Naturempfindnng durchgeführt, in Werthers
Leiden, W, 19, 73.

2) Vgl. den parallelen dichteriſchen Vorgang bei der Charakte=
riſtik des jugendlichen Herzogs in „Ilmenau", W. 2, 143—147. Litz=
mann, a. a. O. S. 33.

3) Vgl. Brief an Fr. v. Stein von der Harzreiſe S. 38 u. ähnliche
Erinnerungsnachklänge auf der Schweizerreiſe den 24. Sept. 1779.
(Br. 4, 63).

wahren Herzensergießungen, lauter wie kristallhelle Fluten, von verhaltener Rührung durchzittert:

<blockquote>
Ist auf deinem Psalter,
Vater der Liebe, ein Ton
45 Seinem Ohre vernehmlich,
So erquicke sein Herz!
Öffne den umwölkten Blick
Über die tausend Quellen
Neben dem Durstenden
50 In der Wüste. [1]
</blockquote>

In biblischen Wendungen fleht der Dichter für den Jüngling um Rettung aus seinem verworrenen und verblendeten Zustande. Wunderbar psychologisch kleiden sich die einzigen Heilmittel, die er jetzt schon klar erkennt, [2] in diese ergreifende Bildersprache. Die große weite Natur mit „ihrer grenzenlosen Mannigfaltigkeit", ist sie nicht ein Saitenspiel des allbeglückenden Vaters, [3] das auch ihn

---

1) Tasso V, 4 (W. 10, 235) eine Parallele im Munde der Prinzessin:

    „Mein Auge blickt umher, ob nicht ein Gott
Uns Hilfe reichen möchte, möchte mir
Ein heilsam Kraut entdecken, einen Trank,
Der deinem Sinne Frieden brächte, Frieden uns.
Das treuste Wort, das von der Lippe fließt,
Das schöne Heilungsmittel wirkt nicht mehr.

2) Vgl. seine Beurteilung der Briefe Plessings, Camp., W. 33, 209 u. 212.

3) Düntzer 9, 58 bemerkt zur Form dieses Bildes, daß G. „sehr kühn Gott, den Vater der Liebe, den Psalter spielen" lasse, „während in der Bibel nur die Himmel und alle Engel ihn loben" und „bei Klopstock die Engel die göttlichen Saitenspieler sind !" — Übrigens findet der jedenfalls eigenartige Vergleich eine gewisse Erklärung in einer späteren Anwendung: „Sobald eine ewige Abwechslung tausend mannigfaltige Stückchen auf meinem Psalter spielt, bin ich ver-

erfreuen könnte! Die „ganze äußere Welt" mit der Fülle „ihrer wirklichen, wahrhaften Erscheinungen" liegt sie nicht auch ihm so nahe![1] Aber ach, er kann die zahllosen Quellen der Labung nicht sehen, ihm fließen sie nicht, er hat eine Wüste um sich her geschaffen! Charakteristisch ist, wie unter der Hülle der Metaphern alle Hoffnungen sich auf die Erschließung der Sinne konzentriert und Rückkehr in die Wirklichkeit als die ersehnte Befreiung hervorschimmert.[2]

Von dem Bilde zerrissenster, selbstzerstörender, unerquicklichster Innerlichkeit führt ein nicht unvermittelter Kontrast den Dichter hin zur Vorstellung der Tatkraft und des lebensfreudigen Übermutes, und die so warm erregte menschliche Teilnahme wendet sich von dem Fernerstehenden nun den eng verbundenen Freunden zu. Auch für sie wird der Vater der Liebe angerufen:

> Der du der Freuden viel schaffst,
> Jedem ein überfließend Maß,
> Segne die Brüder der Jagd
> Auf der Fährte des Wilds
> 55 Mit jugendlichem Übermut
> Fröhlicher Mordsucht,
> Späte Rächer des Unbills,
> Dem schon Jahre vergeblich
> Wehrt mit Knütteln der Bauer.

---

gnügt   dem Herzog bekommt's auch", an Fr. Stein, (20. Okt. v. der Reise in die Schweiz, Br. 4, 92).

1) Camp. W. 33, 223 und 224.

2) Für diese Auffassung des erflehten Trostes spricht schon die ganze Schilderung in der Camp., (S. o. S. 27), wo so treffend aus der Gegensätzlichkeit der Naturen heraus die Mittel der Rettung und Befreiung skizziert sind. Vgl. auch Tasso I, 2 (W. 10, 208) ähnliche Stimmung.

Zu seinem fürstlichen Freunde, welcher eben jetzt sich
der frischfröhlichen Jagdlust hingibt, schweifen ja seine Gedanken so oft mit den innigsten Wünschen[1] und ersehnen
auch für ihn Anteil an dem, was ihn selbst während dieser
Fahrt erhebt und beglückt. Doch sein weiter Sinn, eben
noch mit wärmstem Verständnis für den Verbitterten, den
Typus des Weltschmerzes, erfüllt, umspannt auch ebenso
voll und ganz die heitern Gegenbilder geselliger Freuden,
— und auch das Mitgefühl für die Bedrängnis des Land-
mannes, dem die heitere Betätigung jugendlicher Kraft zum
Nutzen gereichen soll, spielt leise hinein. Und während der
Reichtum mitleidender wie mitgenießender Empfindung
nun zum eigenen Selbst zurückströmt, schließt ein neuer,
unendlich stimmungsvoller Kontrast[2] seine Pforten auf, der
ungeahnte Lichtfülle über diese ab- und zuflutenden Empfindungen ergießt:

60   Aber[2] den Einsamen hüll'
     In Deine Goldwolken!

Bei dem jugendlichen Herzoge und seinem Gefolge das
laute Treiben einer noch ungebändigten Überkraft! er selbst
in stiller, beschauender Ruhe, auf einsamer Wanderfahrt!

---

1) Vgl. Briefe von der Harzreise, S. 37.

2) Der hier nur angedeutete Gedanke voll entfaltet in Ilmenau 1788: in der herrlichen Vision ein Stimmungsbild, (rück-
blickend entworfen), aus dieser Zeit der Umwandlung in Goethe's
eigenem Wesen (W. 2, 141 ff.). Die Charakteristik des Herzogs und
seiner Umgebung, die ganze nächtliche Jagdszene (S. 145 ebd.) ergänzt
obige Strophen der Harzreise zu einem anschaulichen Bilde. Der
„Sturm und Drang" im Leben ist darin treffend gezeichnet — eine
Episode aus jener Epoche „unendlichen Wütens", wo die Wälder
Thüringens unermüdlich durchschweift wurden. Vgl. Eck., a. a. O.
III, 183.

in dieſer Trennung und Verbindung deuten beide Bilder
leiſe hin auf die Verſchiebungen, deren unmerkliches Walten
und Wirken dem Dichter in dieſen Tagen zum Bewußt=
ſein kommt. [1])

Wie ſelig fühlt er ſich nun in der ſelbſtgewählten,
weltentrückten Winteröde des Gebirges, bald vom Sturme
gepeitſcht und vom Regen befeuchtet, bald von den brauen=
den, wogenden Nebeln wie in Wolken gehüllt, bald von
den dieſe Schleier durchbrechenden Strahlen der Sonne in
ſchimmernde Lichtflut getaucht! Der ſchwindende Berg=
nebel, aus dem die Klarheit emporſteigt, ſo oft aus eigener
Anſchauung beobachtet und für den Dichter ein Lieblings=
bild und Symbol in dieſer Epoche, [2]) vielleicht auch in
dieſem Momente vor ſeinen Augen auf= und nieder=
wallend, [3]) — er fließt alsbald zuſammen mit der Vor=
ſtellung der homeriſchen Goldwolken, welche die Götter
umhüllen und einen Zuſtand höherer Ruhe, unfaßbar heitern

---

1) Vgl. die nicht zufällige Modifizierung des S. 20 erwähnten
Gedankens (das Abenteuerliche reizt Goethe nur noch, wenn es natür=
lich wird) in den Briefen: 14. Sept. (Br. 3, 177), 9. Dez. (3, 196)
und 5. Aug. 1778 (3, 238).

2) S. u. S. 64. — B. Suphan weiſt auf eine charakteriſti=
ſche Skizze von Goethes Hand hin, „ein Gebirgs= und Nebelbild,"
das in jenen Jahren entworfen wurde (Wartburgſtimmen, 11. Jg.,
Nr. 3, S. 182). — Vgl. auch Fauſt (W. 14, 14):
„Da Nebel mir die Welt verhüllten,
Die Knoſpe Wunder noch verſprach

3) Vgl. Br. 3, 194 (9. Dez.): „Der Nebel legt ſich in leichte
Schneewolken zuſammen, die Sonne ſieht durch, und der Schnee über
alles macht wieder das Gefühl der Fröhlichkeit." Für die Wahrſchein=
lichkeit einer wirklichen Anſchauung als Ausgangspunkt des Bildes
ſpricht, neben der allgemeinen, deutlich in den Briefen und dem Tagebuche
zu verfolgenden Entwicklung dieſer Beobachtung und Auffaſſung des

Glanzes den Blicken der Sterblichen entziehen.[1] Wirk=
lichkeit und Allegorie fluktuieren eigenartig,[2] und aus der
Situation beglückter Einsamkeit steigt traumhaft die Sehn=
sucht nach jenem neuen, inneren Leben, welches ihn in die
Regionen verklärender Reinheit heben soll, wo der Dichter
in der seligen Ruhe der Götter und Götterlieblinge wan=
delt:[3] die Liebe ist's, welche diese Umwandlung vollbringt,
von der Liebe erfleht er sie, und mit der Liebe verschmilzt
alle Vorstellung vergangenen und zukünftigen Glückes in
diesem Augenblicke stiller Erhebung. Was die Gegen=

Nebels die Brockenszene selbst (B. 85—86, Komm. W. 41, 337; Tb.
1, 56, Br. 3, 200) — und auch aus den „feuchten Haaren" spielt
deutlich genug noch Reales inmitten der Symbolik hervor, indem
das Bild die wirkliche Situation nicht ganz deckt.

1) Durch die Kontroverse Lessing-Herder über griechische „Wolken-
dogmatik" (Laokoon, Kritische Wälder) dem Dichter wohl doppelt
nahe gekommen. An der Hand der v. L. herangezogenen Stellen der
Ilias III B. 380 ff., V B. 23 ff., XX B. 443 ff. betont H., daß
jedenfalls an einen wirklichen Nebel, an wirkliche Wolken zu denken
sei. Vgl. zu Goethes Auffassung Jph. I 3, I 4, IV 3 (W. 10, 19,
24 u. 65).

2) Das Nebelmotiv, hier vielleicht im Keime, zu anziehender, echt
Goethescher Technik entfaltet in „Ilmenau" zur Inszenierung des
Traumbildes (W. 2, 141 ff., W. 27—28, W. 160—61), in der „Zu=
eignung" zur Bezeichnung des Überganges aus dem Wirklichen ins
Symbolische (W. 1, 3 f., W. 14—16, 29 ff., W. 81 ff.). Vgl.
v. Loeper, a. a. O. 1, 266; 2, 309. — Litzmann, a. a. O. 36.

3) Vgl. Jphigenie III, 1, B. 114. (W. 10, 45): „Unsterbliche,
die ihr den reinen Tag, Auf immer neuen Wolken selig lebt   ."
Tasso II 3 (W. 10, 155): „Still ruhet noch der Zukunft gold'ne
Wolke mir um's Haupt."
Zueignung: „Bald sah ich mich von Wolken wie umgossen,
Und mit mir selbst in Dämmerung eingeschlossen."
Auf der Harzreise 1784 entstanden (W. 1, 4). — An letzterer
Stelle wohl der Übergang des aus der Anschauung geschöpften Bildes

wart nur verheißt, was inmitten aller Entäußerungen unter **ihrem** milden Walten keimt, das wird sie auch in der ersehnten Fülle entfalten:

Aber den Einsamen hüll'
In Deine Goldwolken!
Umgib mit Wintergrün,
Bis die Rose wieder heranreift,
Die feuchten Haare,
O Liebe, Deines Dichters!

Als Zug seiner Diplomatie (zwar nicht in Widerspruch mit dem eigentlichen Zwecke des Kommentars und genau dem späteren Standpunkte Goethes entsprechend) [1]) ist es wohl nur

---

zur eigentümlichen Färbung der antiken Vorstellung (a. a. O.) zu beobachten.

„Eingehüllt" ein Lieblingsausdruck Goethes für die innere Stille und Ruhe; vgl. „Einschränkung", V. 9 (W. 1, 102): „Was bleibt mir nun, als eingehüllt, Von holder Lebenskraft erfüllt, In stiller Gegenwart die Zukunft zu erhoffen!" Tb. 1, 112 (26. März 1780): „Das Leben ist so geknüpft und die Schicksale so unvermeidlich. War eingehüllt den ganzen Tag." — „Gold", „golden", ein charakteristisches Lieblingswort des Dichters für alles Schöne und Wertvolle, alles Sonnige und Lautere. — Iphigenie II, 1, V. 134 (W. 10, 31): „Wir eilen immer ihren Schatten nach, Die, göttergleich in ihrer weiten Ferne, Der Berge Haupt auf goldnen Wolken krönt." Mailied: (W. 1, 80): O Lieb, o Liebe, so golden schön Wie Morgenwolken auf jenen Höh'n. Faust (W. 14, 57): „O gibt es Geister in der Luft So steiget nieder aus dem goldnen Duft." Vgl. Iph. III 1, IV 5 (14, 10, 48 und 75).

1) S. o. S. 9 — sowie das wiederholt zu beobachtende Bestreben Goethes, seine Gedichte durch Tilgung oder Umwandlung kleiner realistischer Momente vom besonderen ganz persönlichen Falle zu lösen. (Die beiden Fassungen des Liedes an den Mond!)

zu betrachten, wenn der Dichters zu dieser Strophe eine Definition der verschiedenartigen Bedeutungen des Wortes „Liebe" einschiebt,[1]) welche in der Ode wechseln je nach dem Zusammenhange. Die Bestimmtheit des Sinnes, wie sie ursprünglich empfunden war, möchte er für die nachempfindende Auffassung des Lesers in die weiteste Allgemeinheit wandeln. Die ganze Stimmung jener Zeit und namentlich jener Tage läßt indes wenig Zweifel, in welcher Gestalt ihn die Liebe umschwebt und von wem er die stille, selige Ruhe und den Kranz des Dichters ersehnt:

„Also, daß Ihre Liebe bei mir bleibe und die Liebe der Götter!"[2])

Und wenige Jahre später:

„Wie eine süße Melodie uns in die Höhe hebt, unsern Sorgen und Schmerzen eine weiche Wolke unterbaut, so ist mir Dein Wesen und Deine Liebe!"[3])

Wie einst in ähnlicher Situation „der Genius und die innere Lebenskraft allen Drang der Elemente überwinden"

---

1) „In der siebenten Strophe heißt Liebe das unbefriedigte, dem Menschen zwar innewohnende, aber von außen zurückgewiesene Bedürfnis; in der achten Str. ist unter Vater der Liebe das Wesen gemeint, welchem alle übrigen die wechselseitige Neigung zu danken haben; hier in der zehnten ist unter Liebe das edelste Bedürfnis geistiger, vielleicht auch körperlicher Vereinigung gedacht, welches die einzelnen in Bewegung setzt und auf die schönste Weise in Freundschaft, Gattentreue, Kinderpietät und außerdem noch auf hundert zarte Weisen befriedigt und lebendig erhält." (Komm. W. 41, 335).

2) Vgl. die Reiseskizze S. 37. — Ihr gilt auch der erste Gruß am Morgen des bedeutungsvollsten Tages seiner Wanderung (Br. 3, 199, den 10. Dezember).

3) Br. 6, 45.

half,[1] so ist es hier die Liebe, die inmitten aller Gefahren
und Beschwerden den Wanderer geleitet, die seiner Phan=
tasie allüberall gegenwärtig ist: im trüben Dunkel früher
Winternacht, wenn „des Boten Laterne" „nur flüchtig"
die Bergschluchten und Gewässer erleuchtet,[2] wie im fröh=
lichen Farbenspiel der aufgehenden Sonne;[3] beim Ge=
brause der schneidenden Winde,[4] wie beim Niederrauschen
der gewaltigen Wildbäche! In herrlichen Worten, in
jubelndem Hymnenton wendet sich deshalb das Lied ihrem
Preise zu, und unzertrennlich vereinen sich die ernsten, er=
habenen Eindrücke der Gebirgswildnis mit den alles ver=
klärenden, alles beseelenden, alles in Licht, Farbe, Ton
lösenden Wirkungen der Liebe, während über dem Ganzen
die allegorischen Reflexe der früheren Gedankengänge fast
unmerkbar fortspielen und ihre leicht antike Färbung all=
mählich wieder einer biblischen weicht:

> Mit der dämmernden Fackel[5]
> Leuchtest Du ihm
> Durch die Furten bei Nacht,
> Über grundlose Wege
> 70 Auf öden Gefilden;

---

1) Viktor Hehn, Vorlesungen über Goethe, G. Jb. 15, 120.
Gemeint ist „Wanderers Sturmlied".

2) Vgl. Reisebild S. 31 und Camp. (W. 33, 224). Zu „däm=
mernd" (ein Lieblingswort G's) vgl.: „Nur manchmal dämmern
leise Träume von Sorglichkeit in mir auf." (S. o. S. 38) und W. 4,
97 ff. — W. 19, 114.

3) S. o. S. 31.

4) S. o. S. 34.

5) Litzmann, S. 214 nimmt an, daß der Dichter in dem nächt=
lichen Fackelträger geradezu „Eros" sehe, dessen Attribut häufig ja
die Fackel ist. Will man nicht einfaches natürliches Vorschweben, des

Mit dem tausendfarbigen Morgen [1]
— Lachst Du ins Herz ihm;
Mit dem beizenden Sturm [2]
Trägst Du ihn hoch empor;
Winterströme stürzen vom Felsen
In seine Psalmen. [3]

Der Wanderer ist zum Ziele gelangt, von der Liebe hinaufgeleitet.

Er steht auf der Höhe des Gebirges, auf dem Brocken! Ein ganz unvergeßlicher, unvergleichlicher Eindruck! Was er in der Folge nicht müde wird, zu schildern, [4] das saugt

---

Erlebten zu Grunde legen, so ist diese Erklärung (vielleicht in Form hineinspielender Vorstellungen) jedenfalls ansprechender und zwangloser als eine andere: „Die dämmernde Fackel ist der Mond,“ und „Merkwürdig ist, daß Goethe so wenig getreu seine Reise schildert, und daß er, was er doch als ihr höchstes Glück feierte, den Vollmond, den er wider Erwarten auf dem Brocken wirklich erlebte, ganz überging und nur einer dämmernden Fackel gedachte.“ (Düntzer, a. a. O. S. 60 und 61. Ähnlich v. Loeper, a. a. O. 2, 318.) Dieser letztern Begründung läßt sich nach allem schwerlich beistimmen!

1) Vgl. „Meine Göttin“, V. 29—30, W. 2, 59, Jph. III 1, W. 10, 57.

2) Kannegießer (a. a. O. S. 16) und Viehoff (Erläuterungen u. s. w.) nehmen einen Tropos, von der Jagd hergeleitet, an, und zwar im Sinne von „emporsteigend, wirbelnd“. Düntzer und Loeper (a. a. O. 2, 318) deuten auf die das Gesicht verletzende Schärfe (Intensivum zu beißen); a. and. Stelle in diesem Sinne der brennenden Sonne der „beizende Schnee“ entgegengesetzt (Großkophta III, 9).

3) Vgl. Br. 3, 175 (13. Sept.): „Hier wohn' ich nun, Liebste, und singe Psalmen dem Herrn, der mich aus Schmerzen und Enge wieder in Höhe und Herrlichkeit gebracht hat.“ — Auch W. 2, 56.

4) Neben dem Berichte des Tagebuches (1, 56) in den Briefen an Fr. v. Stein (3, 199—201) an Merck (Br. 3, 238—39) in der Farbenlehre (N.S. 1, 35) und im Kommentar.

er jetzt als bleibendes Bild in seine Seele ein: die weite
Landschaft zu seinen Füßen im ganzen Reize der Nebel-
und Wolkenerscheinungen, im ganzen Reize einer wunderbaren Beleuchtung.[1] Diesen einen, gewaltigen Augenblick
illustriert nach der Seite des äußeren Eindrucks hin der
Kommentar des Dichters (mit besonderer Freude die Realität desselben betonend):

„Ich stand wirklich am zehnten Dezember in der
Mittagsstunde zwischen jenen ahnungsvollen Granit-
klippen, über mir den vollkommen klarsten Himmel, von
welchem herab die Sonne gewaltig brannte   Unter
mir sah ich ein unbewegliches Wolkenmeer nach allen
Seiten die Gegend überdecken, und nur durch höhere und
tiefere Lage der Wolkenschichten die darunter befindlichen
Berge und Täler andeuten."[2] — Dieser weihevolle
Moment, mit tiefinnerlicher Versenkung in die Unermeß-
lichkeit dieser Szenerie, ist für den Wanderer nicht nur
Höhepunkt der Fahrt, sondern wird ihm auch zu einem
Gipfelpunkte seines Daseins, und was in seinem Innern
vorgeht, das konzentriert und spiegelt sich in den wenigen
einfach erhabenen Worten:

> Und Altar des lieblichsten Danks
> Wird ihm des gefürchteten Gipfels
> Schneebehangner Scheitel,

---

1) Für diese Lieblingsbeobachtung, die Poesie des Nebels im
Gebirge, bieten die Briefe der spätern Schweizerreise interessante Ver-
gleiche (u. a. 6. Nov. Br. 4, 34 oder W. 19, 252 f.). — Eine
Steigerung des winterlichen Brockenaufstiegs daselbst in der Gotthardt-
Besteigung, — auch „Gipfel der Reise" und „mit was für Ge-
danken" (Br. 4, 120)!

2) Komm. W. 41, 336 f.

80 Den mit Geisterreihen [1])
— — — — Kränzten ahnende Völker. [2])

In die persönlichen Empfindungen des Wanderers mischt sich die Erinnerung an die Sage des Volkes; der Ausdruck zartester, sanftester Freude erhebt sich von einem Untergrunde grauenhafter, düster=gewaltiger Phantasievorstellungen — eine neue Welt, welche im Innern des Dichters aufgeht und ihn mit zwingendem Reize faßt, zugleich eine sich verdichtende Anregung, ein leichter Anschlag des Brockenmotivs, welches bestimmt ist, seine großartige Ausgestaltung in der Verbindung mit Goethes Lebensdichtung zu finden! [3])

---

1) „Reihen" bei Goethe meist statt „Reigen" (aus mhd. reige,- reie, ursprünglich für Tänze im Freien, vgl. Paul, Deutsches Wörterbuch, 1897, S. 356). Vgl. auch „Felsweihe" (W. 5, 187—189).

2) „Ahnend: vielleicht Hindeutung auf einen historischen Kern der Sage; der Versuch, eine solche Entstehung der Sage in poetischer Einkleidung zu zeigen, liegt wohl der „Ersten Walpurgisnacht" zu Grunde, 1799. (W. 1, 210 ff.) — Kanneg. a. a. O. 19 trägt die Ideen dieses bewegten Nachtbildes schon ganz in obige Str. hinein, mit einer zu weit gehenden Bestimmtheit.

3) G. Witkowski, Die Walpurgisnacht im ersten Teile von Goethes Faust, 1894, S. 12, weist die Annahme von Schroers zurück, G. habe die Harzreise 1777 zu dem Zwecke unternommen, Eindrücke für die Walpurgisnacht zu gewinnen, — mit Recht: eine derartige Annahme müßte nach allem vorhergehenden unbegründet erscheinen. Wohl aber liegt die Möglichkeit nicht ferne, daß dem Dichter in den Schauern der nordischen Gebirgswelt eine düstere Phantastik aufging und diese erste, absichtlos unternommene Brockenbesteigung doch schon den Plan der Walpurgisnachtdichtung anregte. Weitere Farben lieferten die zweite und die dritte Harzreise. Nachweisbar ist allerdings nur, daß die Brockenszene um 1797 zum Plan der Dichtung gehörte und 1800 und 1801, vielleicht nach früheren Ansätzen, ihre Gestaltung fand.— Die Faust- und die Brockensage waren ursprünglich getrennt. 1756 hatte indes

Es ist eine Stimmung bedeutsamster Art, welche die Seele Goethes auf der Höhe des Gebirges durchflutet hat. Ihrer ganz individuellen Bestimmtheit entspricht auch die Prägnanz der Form; eins ist mit dem andern unzertrennlich verbunden: „Und Altar des lieblichsten Danks Wird ihm des gefürchteten Gipfels Schneebehangener Scheitel"

„Ich habe auf dem Teufelsaltar meinem Gott den liebsten Dank geopfert." [1]

schon der Dichter Löwen aus Clausthal in einem komischen Heldengedichte „Die Walpurgisnacht" Faust zuerst auf den Brocken geführt.

Vgl. J. Minor, Goethes Faust 1901, II, 9, 13 und 236.

Berichte des Fr. Deutsch. Hochst., N. F., 10. Bd., S. 500.

Zur Harzsage: Proehle, a. a. O., 29 und 52.

1) Vgl. Reisefkizze S. 42 sowie: „Hier auf dem ältesten, ewigen Altare, der unmittelbar auf die Tiefe der Schöpfung gebaut ist, bring' ich dem Wesen aller Wesen ein Opfer" (Fragment einer Abhandlung über den Granit, N.S. 9, 174). Ob dieses Bild an einen äußern Eindruck anknüpft („Teufelskanzel" und „Hexenaltar" auf dem Brocken, zwei Hügel, die Goethe auch in den Aufsätzen „Zur Mineralogie und Geologie" erwähnt, N.S. 9, 236 und 239, geschrieben 1824), oder einen rein biblischen Anklang darstellt, oder allgemeinste Natursymbolik? Vielleicht spielt etwas von allem hinein. („In diesem Augenblicke   wird ein Gleichnis in mir rege, dessen Erhabenheit ich nicht widerstehen kann. A. d. Granit, N. S. 9, 174.) Für letztere Auffassung des Berges als Altar der Gottheit vgl. den Parzengesang in Iphigenie, IV, 5, W. 10, 75. Biblisch findet sich das Bild in jenem Briefe an Merck (3, 238): „In meinem Innersten geht alles nach Wunsch — Bäume pflanz ich jetzt, wie die Kinder Israels Steine legten zum Zeugnis." v. Loeper verweist bei anderer Gelegenheit (2, 312) auf den ehemaligen Darmstädter Kreis, der ganz im Klopstockschen Sinne einen Bund mit Opfern, Opferfels und -Altar bildete. Das parallele Bild vom Pflanzen der Bäume mit Anknüpfung an bedeutungsvolle Zustände auch Br. 3, 186, und Br. an Fr. v. St. 1, 295 (16. Dez. 1780) als Einlage das Gedicht „Erfüllung" (W. 4, 100). Der „Altar" paßt übrigens zur ganzen Stimmung der Wanderung, in der er die

Was aber zusammenfließt in diesem Ergusse, diesem symbolischen Opfer auf Bergeshöhe, — hier nur angedeutet — in den Briefen an Frau von Stein liegt es vor Augen: „Das Ziel meines Verlangens ist erreicht, es hängt an vielen Fäden, und viele Fäden hingen davon, Sie wissen, wie symbolisch mein Dasein ist!" so klang es noch am Abende in seiner Seele nach.[1]

Sein vergangenes Leben liegt vor ihm offen da, wie er es in diesen Tagen der stillen Betrachtung an sich vorüberziehen ließ, — einst bedeutungsvoll in höchster Gefahr erhalten,[2] aber so „elend, genagt, gedrückt, verstümmelt,"[3] — und jetzt, besonders inmitten der „freiwilligen Entäußerung", „was für Lieblichkeit und für Glück!" „eine Demut,   eine Hingegebenheit von Augenblick zu Augenblick,   die vollste Erfüllung" seiner „Hoffnungen!"[4] Daß sich dieser Wunsch, die Erreichung des Gipfels, der ihm selbst so vermessen schien, dennoch verwirklichen sollte, das wird ihm wiederum ein Pfand für gleiche Erfüllung anderer, höherer Hoffnungen.[5] Und dies alles, das ganze so gegenwartsfrohe und zukunftssichere Empfinden in die weichste Andacht getaucht:

„Was soll ich dem Herrn sagen mit Federspulen, was für ein Lied ihm singen? im Augenblick, wo mir alle Prosa zur Poesie und alle Poesie zur Prosa wird?"[6]

Welt- und Menschenschau als „Wallfahrt" auffaßt. Vgl. S. 34, sowie Schweizerreise, Br. 4, 68.

1) Vgl. Reiseskizze S. 41. — 2) Vgl. die Erinnerung an seine Genesung von schwerer Krankheit in diesen Tagen, wo eine ähnliche symbolische Auffassung hervorspielt. (Br. 3, 196, den 9. Dez.).

3) Vgl. Reiseskizze S. 38. — 4) ebd. S. 38 und 41.

5) S. o. S. 42 und Schöll in Briefen an Fr. v. St. 1, 69.

6) S. o. S. 41.

Eine Stunde, deren Symbolik noch am Jahrestage in der Seele des Dichters lebt,[1] deren weihevolle Erregung noch in dem Fragmente über den Granit nachzittert.[2] Dann aber löst sich leise die seelische Spannung: mit dem Gefühle unendlicher Weite trägt es den Wanderer hinaus. Nach dem Momente konzentriertester, weltvergessenster Innerlichkeit ein Umfassen der grenzenlosen Szenerie, — und von der „Betrachtung und Schilderung des menſch= lichen Herzens, des jüngsten, mannigfaltigsten, beweglich= sten, veränderlichsten, erschütterlichsten Teiles der Schöpfung" wendet er sich zu der „Beobachtung des ältesten, festesten, tiefsten, unerschütterlichsten Sohnes der Natur":[3]

> Du stehst mit unerforschtem Busen
> Geheimnisvoll offenbar[4]
> Über der erstaunten Welt,
> 85 Und schaust aus Wolken

---

1) An Fr. v. St., Br. 3, 261 (10. Dez. 1778): „Vorm Jahr war ich auf dem Brocken und verlangte von dem Geist des Him= mels viel, das nun erfüllt ist. Dies schreib ich Ihnen, daß Sie auch in der Stille an diesem Jahresfest teilnehmen."

2) Abhandlung über den Granit, A. S. 9, 171—177. Zwar erst 1784 niedergeschrieben, aber nach der Gesamtstimmung, ja nach einzelnen Bildern in den Gedankenkreis der ersten Harzreise passend, beruht das Fragment vielleicht auf Aufzeichnungen jener Tage. (Dieser Ansicht ist auch Bielschowsky, a. a. O. I, 342.) Übrigens spricht Goethe selbst in seinem Kommentare von einem „sehr erfreulichen Dokumente" der Brockenfahrt, das „noch in seinen Händen ist" (Komm. W. 41, 336). Tatsächlich wurde das Frag= ment von Goethe selbst nicht veröffentlicht, erst 1861 durch v. Loeper herausgegeben. Es könnte wohl in obigen Worten gemeint sein.

3) Über den Granit, A.S. 9, 173.

4) Geheimnisvoll offenbar, eine Wendung, die auch W. 14, 198 (Faust) sich findet. (v. Loeper, a. a. O. 2, 318).

Auf ihre Reiche und Herrlichkeit,[1]
— Die du aus den Adern deiner Brüder
Neben dir wässerst.

In dieser Apostrophe an den Brockengipfel, den weit=
hinschauenden,[2] erwachen für den Dichter ganz individuelle
Beziehungen: sah er doch noch vor wenigen Tagen das
wundersam „fortwebende Leben der Natur"[3] in den
Tiefen der Erde, sah in den Lagerstätten der Erze den
„unterirdischen Segen"[4] schimmern und leuchten. Während
das Innere des Hauptgipfels, der wie ein Riese empor=
ragt, noch unerschlossen geblieben ist, strömen aus den um=
gebenden Bergen Quellen des Reichtums in die weiten
Lande hinaus.[5]

---

1) Dieselbe biblische Wendung in den Briefen an Fr. v. St. (Br. 5,
308) den 12. April 1782: „Erlaube mir, wenn ich zurückkomme,
daß ich Dich nach meiner Art auf die Gipfel des Felsens führe und
die Reiche der Welt und ihre Herrlichkeit zeige." Ähnlich den
21. Sept. 1780 (Br. 4, 296).

2) K. Scheffer, a. a. O. S. 155, führt einleitend zu Goethes
Harzreise die Strophen des ersten Brockensängers Wendelin Helbach
an, der um 1570 in lateinischen Distichen den Brocken feierte:
„Tief aus dem Bergwald raget des Harzes gewaltiger Gipfel,
Dem in der Buda Quell reichliches Wasser entströmt.
Weithin sieht ihn das Land, drum „Proclus" sinnig bedeutsam:
„Weithinschauer" mit Recht Latiums Sprache ihn nennt."
Wie lebensvoll und wahr treffen die Goetheschen Verse in ihrer
schlichten Ungesuchtheit denselben Gedanken!

3) Camp., W. 33, 217. — 4) den 7. Dez., Tb. 1, 56.

5) Der Komm. W. 41, 337 betont gegenüber der Erklärung
Kannegießers (a. a. O. S. 18, Adern = Flüsse) ausdrücklich, daß die
„Metalladern" gemeint seien und „leise" auf den Bergbau gedeutet
werde. — Scheffer, a. a. O. S. 162 und ebenso Litzmann, a. a. O. 216
weisen auf den merkwürdigen, mir auch aufgefallenen Zusammenhang mit
einem Motive der Brockenszene im Faust hin: „wie das Mittaggesicht

Zugleich aber tönt aus diesen Lauten ursprünglichster Naturbeseelung die Eingangsstimmung wieder hervor, — kräftiger, gewaltiger, feierlicher nur in diesem Schluß=akkorde:

„Über sich selbst und über alles erhaben“ wird die Seele, wenn sie der „einsamen, stummen Nähe der großen, leise sprechenden Natur“ sich hingibt; „einsam wird es

---

eines Dezembertages zwei Jahrzehnte später zu einem neuen gespen-stischen Leben erwacht in der Walpurgisnacht, wo offenbar aus dem Keime dieser Vorstellung in der Harzreise sich das wunderbare Bild entwickelt hat“ (Litzmann 162, S. o. S. 65):

Meph.: „Fasse wacker meinen Zipfel!
   Hier ist so ein Mittelgipfel,
   Wo man mit Erstaunen sieht,
   Wie im Berg der Mammon glüht.
Faust: Wie seltsam glimmert durch die Gründe
   Ein morgenrötlich trüber Schein!
   Und selbst bis in die tiefsten Schlünde
   Des Abgrunds wittert er hinein.
   Da steigt ein Dampf, dort ziehen Schwaden,
   Hier leuchtet Glut aus Dunst und Flor,
   Dann schleicht sie wie ein zarter Faden,
   Dann bricht sie wie ein Quell hervor.
   Hier schlingt sie eine ganze Strecke,
   Mit hundert Adern sich ins Tal,
   Und hier in der gedrängten Ecke
   Vereinzelt sie sich auf einmal.
   Da sprühen Funken in der Nähe
   Wie ausgestreuter goldner Sand.
   Doch schau! in ihrer ganzen Höhe
   Entzündet sich die Felsenwand.
Meph.: Erleuchtet nicht zu diesem Feste
   Herr Mammon prächtig den Palast?“

(W. 14, 198.)

dem Menschen zu Mute, wenn er nur den ältesten, ersten, tiefsten Gefühlen der Wahrheit seine Seele eröffnen will!"[1]

---

[1] Über den Granit, N.S. 9, 174. Vgl. die Briefe aus der Schweiz, wo die Variation derselben Stimmung schon deutlicher eine Veränderung der Naturauffassung kennzeichnet: die ruhige Anschauung des Alls, „das sich ewig verwandelt, aber nach unwandelbaren Gesetzen" (Br. 4, 72).

V.

Nicht bloß im Anschluß an Erinnerungen der winterlichen Harzreise ist die Dichtung entstanden, nicht etwa unter den Nachschwingungen des Erlebnisses wurde sie zusammengefaßt, sondern in den Tagen der Wanderung selbst hat sie ihre Gestaltung gefunden. Was der Versuch einer Belauschung des schaffenden Künstlers in innerlicher Begründung schon nahe legte, was auch zu beobachten ist bei so manchen andern Gedichten dieser Zeit, die auf größeren und kleineren Reisen aufsproßten, das findet mehr als hinreichende äußere Bestätigung durch das Tagebuch Goethes. Für den ersten Dezember notiert dasselbe: „Dem Geier gleich pp." [1]

Natürlich ist hierbei nicht etwa Entstehung in vollem Zusammenhange, an einem Tage anzunehmen; vielmehr fügt sich, entsprechend der zeitlichen Aufeinanderfolge der Reiseeindrücke, eine ganze Anzahl nicht gleichzeitig gegebener Motive zusammen, so daß das dichterische Wachstum über eine ganze Reihe von Tagen sich hinzieht und um bestimmte Situationen und Stimmungen wie um einzelne Kristallisationskerne das Ganze sich allmählich ansetzt. Das in Wirklichkeit geschaute Bild des Geiers am Schneehimmel [2] ist der Ausgangspunkt, an den sich in mehr

---

1) Tagebuchblätter in der Fassung bei Fr. v. St. (Br. 3, 197) Vgl. Tb. 1, 55.

2) Camp. W. 33, 215, hier auf den 1. Reisetag angesetzt. Ob nun die Notiz des Tagebuches so zu verstehen, daß der Geier erst

ober minder zeitlich nahem Niederschlage eine Folge von poetischen Bildungen schloß, welche den ersten und wahrscheinlich auch den nächstfolgenden Reisetagen entsprechen und entstammen. In den Aufzeichnungen der „Campagne in Frankreich", die allerdings nicht unbedingt zuverlässig sind, sagt Goethe, er habe die ersten Strophen des Gedichtes nach Besichtigung der Baumannshöhle „mit ganz frischem Sinn" geschrieben und citiert dann, als auf Plessing bezüglich, Vers 29—50. [1] Ob noch weiteres damals, am 1. oder 2. Dezember, (das Tagebuch vermerkt einen zweimaligen Besuch) [2] aufgezeichnet wurde, ist nicht aus dieser Stelle zu entnehmen. [3] Die letzten Strophen, Vers 76—88, konnten tatsächlich erst bei oder nach der Brockenbesteigung keimen. Jedenfalls läßt ein Vergleich der Briefe, resp. Tagebuchnotizen mit dem Gedichte einen auffallenden Parallelismus des Gedankens und der poetischen Empfindung, zwischen Erlebnis und Dichtung erkennen. — Die Worte des Kommentars „von dem, was

---

am 1. Dez. beim Eintritt in den Harz geschaut wurde, oder jetzt, da der Dichter die Eindrücke von sich lösen wollte, das Gedicht im Anschluß an das schon im Sinne liegende Bild (oder die Eingangsstrophe) begonnen wurde? Wahrscheinlich letzteres; der Charakter des Schneehimmels, wie er aus den verschiedenen Erwähnungen spricht, weist auf den 29. Nov., ebenso die ursprüngliche Lesart „auf Morgenschlossenwolken ruhend" in V. 2.

1) Camp. W. 33, 217. Auf die Entstehung dieser Strophen vor dem Besuche bei Plessing weist schon die Geschichte dieses Verhältnisses hin. Nachdem er Pl. gesehen, fühlte Goethe ja, „wie sich sein Inneres zuschloß"; er war willens, ihn nicht wiederzusehen. W. 33, 225. — 2) Tb. 1, 55.

3) Dünzer, Goethes lyrische Gedichte erläutert, 1. Bd. 1858, sucht die einzelnen Abschnitte nach Tag und Ort zu fixieren, etwas modifiziert in der 3. Aufl. 1897 (a. a. O. S. 55). Eine Festsetzung dieser Art möchte schwerlich gelingen.

ihm während dieser Zeit durch den Sinn gezogen, schreibt er zuletzt" .,[1]) sind offenbar von der endgültigen Aneinanderreihung, resp. Festlegung des Wortlautes zu verstehen.

Wahrscheinlich wurde die „Harzreise" noch vor Schluß des Jahres (1777) an Frau von Stein geschickt; denn Goethe erbittet sich am 30. Dezember das ihr geschenkte Manuskript seiner Gedichte, um etwas einzuschreiben;[2]) die Harzreise findet sich auch in einer Kopie von ihrer Hand, welche dieser Zeit entstammt.[3]) Im August des folgenden Jahres wurde sie als Briefeinlage an J. H. Merck gesandt, unter dem Titel: „Auf dem Harz im Dezember 1777", gleichzeitig mit einer knappen Skizze der Reise, welche die bekannten Höhepunkte aus der Erinnerung wiedergibt.[4])

Wie aus diesen ältesten erhaltenen Fixierungen hervorgeht, hat das Gedicht in der Folge keine bedeutenden Veränderungen erfahren. Ein Vergleich dieser handschrift-

---

1) Komm., W. 41, 338.

2) Br. 3, 204. — Ob auch die etwas rätselhafte Stelle von der „Blume", die G. „im Austritt aus dem Harz unter dem Schnee für sie gebrochen", die aber mit dem Briefe, zu dem sie Beilage war, verloren gegangen war und doch jetzt wieder geschickt werden kann, auf die „Harzreise" zu beziehen? Etwas unwahrscheinlich!

3) Vgl. Archiv für Literaturgeschichte 6. Bd. S. 96. Die handschriftliche Sammlung v. Charl. v. Stein, auf Kochberg erhalten und besondere Aufschlüsse für G.'s in das Jahr 1777 fallende Durchsicht seiner Gedichte bietend, wird dort von Düntzer näher beschrieben. Sie beginnt mit der „Harzreise".

4) Br. 3, 238 f. (Hier ist die Höhe der Schneedecke schon zu anderthalb Ellen angewachsen, während es im Tagebuch heißt: „Schnee eine Elle tief, der aber trug" (1, 56), auch ein Beitrag zur Psychologie der Aussage).

lichen Faſſungen mit den ſpäteren Drucken (der erſte
1789¹) zeigt nur geringe Abweichungen;²) einzelne ver=
änderte Lesarten bedeuten leiſe Veredlungen.³) Als Bei=
ſpiel eingeriſſenen Textverderbniſſes iſt bemerkenswert, daß
für die (in allen Handſchriften übereinſtimmende) Lesart

---

1) S. o. S. 7.

2) „Die Harzreiſe im Winter“ iſt überliefert in folgenden Hand=
ſchriften:

Abſchrift der Frau von Stein (St.)

Abſchrift Herders . . (H⁷⁷)

Ein Manuſkript überſchrieben

„Zweite Sammlung“ (H⁴)

Außerdem nach der Beilage des Briefes v. 5. Aug. 1777 ein
Abdruck in den Briefen an J. H. Merck, herausgegeben v. Wagner,
Darmſtadt, 1835. (M) Vgl. W. Band 1, 367 und Band 2,
S. 298 u. 307—8. (Bearbeitet von Guſtav v. Loeper.)

Der Weimarer Ausgabe liegen die Lesarten der „Zweiten
Sammlung“ (H⁴) als eigentlicher Text zu Grunde. Dieſe „Zweite
Sammlung“ enthält Gedichte, die für die Göſchenſche Ausgabe 1789
ausgewählt waren, — von des Dichters Hand, mit eigenhändigen
Korrekturen und ſolchen von Herder.

3) V. 2 „Morgenſchloſſenwolken,“   H⁷⁷ St, M.

V. 54 „des Schweins“   H⁷⁷, St, M.

V. 82 „Unerforſcht die Geweide,“   St, M.

Andere Varianten:

V. 11 „Ziele läuft“   H⁷⁷ St, M.

V. 12 „Aber wem“   H⁷⁷, St, M.

V. 17 „Den die bittre“   St, M.

In „ſämtlichen Drucken“ ſteht V. 57 „Unbilds“. „Der Lesart
„Unbills“ von H⁴, und den übrigen Handſchriften wird der Vorzug ge=
geben, weil kein Fall ſonſt bekannt iſt, wo Goethe die Form „das
Unbild“ im obigen Sinne im Singular gebraucht hätte, während ihm
die oberdeutſche „das Unbill“ nachweisbar immer zu eigen blieb.“
Durch den Reim auf „Wilds“ wäre die Form „Unbilds“ um ſo an=
ſtößiger und kann daher nicht in des Dichters Abſicht gelegen haben
(ebd. S. 308). (Paul, Deutſches Wörterbuch, 1897 S. 487 führt

„Reichen" (Vers 22), in den letzten Drucken sich „Reiher"
eingeschlichen hatte, als Goethe gelegentlich der Kommen=
tierung, vielleicht zu seiner Überraschung die Entstellung
des Sinnes wahrnehmend, denselben zu seiner ursprüng=
lichen Bedeutung wieder zurückführte. ¹)

---

diese Stelle noch als Beleg für „Unbilds" an, das auf mhd. „un-
bilde" zurückgeht, während das neuere Sprachgefühl an billig an=
lehne).

W. 77 Absatz in St.

Die übrigen kleinen Abweichungen W. 2, 308

1) In „Kunst und Altertum" 1821, 3, 243. Das Ungewöhn=
liche des Vergleiches hatte sichtlich so böse mitgespielt!

VI.

„Von den tauſend Gedanken in der Einſam=
keit findeſt Du auf beiliegendem Blatt flie=
gende Streifen." Dieſe Worte, mit denen Goethe die
Zuſendung an Merck begleitet,[1] bezeichnen, auf die Geneſis
der Dichtung charakteriſtiſch hindeutend, auch den Ge=
ſichtspunkt, aus welchem an die Auffaſſung und Beur=
teilung ihrer verſchiedenen Eigentümlichkeiten heranzutre=
ten iſt.

Ein Zuſtand innerer Erregung, fortwirkend an einer
Reihe von Tagen, hat den Wanderer zu einzelnen, abge=
brochenen Bekenntniſſen gedrängt: inſofern erſcheint die
Harzreiſe als eine Improviſation,[2] ein Nacheinander
von Szenerien und Reflexionen, einer muſikaliſchen Phan=
taſie vergleichbar, welche nur loſeren Zuſammenhang beſitzt.
Andererſeits iſt die dichteriſche Entfaltung und Geſtaltung
von innen heraus beſtimmt worden durch einzelne, wenige
Eindrücke intenſivſter Art, die Spitzen oder Höhenpunkte
des Erlebten, die ſich verdichtet oder erweitert haben: und
ſo läßt ſich eine gewiſſe innere Gliederung und
Planmäßigkeit nicht verkennen. „Das Los des ein=
ſamen Unglücklichen; die Liebe als Begleiterin und Schir=
merin; das Erlebnis auf dem Brocken",[3] treten in der

---

1) S. o. S. 74.
2) Vgl. Hehn, G. Jb. 15, 120.
3) Formulierung bei Litzmann, a. a. O. 219.

Komposition deutlich hervor, und hiermit auch das erste und nächste, wie das letzte, geheimste Ziel der Reise, — und im Mittelpunkte des Ganzen[1]), leise hindurchschimmernd die beglückende und alles in eigentümliche Stimmung aus= lösende Liebeshoffnung. Diese drei Themata, so ungesucht sich bietend und doch für den Konzentrationsprozeß der Dichtung so bedeutsam, sind allerdings nur bis zu einem gewissen Grade abgeklärter Bestimmtheit ausgeprägt, hin= reichend aber, um bei einiger Vertrautheit mit den Seelen= stimmungen und Erlebnissen Goethes das große Ganze und das einzelne von innen heraus mit ihrem Lichte zu durchleuchten. So herrscht Geschlossenheit in der schein= baren Willkür, welche die Sprunghaftigkeit des Odenstiles (im Herderschen Sinne) nicht verleugnet, Einheit wirkt in der bunten Mannigfaltigkeit,[2]) die das Motiv der Wan= derung zum Ausdruck bringt, indem auch die zeitlichen und örtlichen Situationen wechselnde matte Lichter hinein= werfen in das Spiel der Gedanken, nur zum Schlusse greifbar emportauchend. Daß all die kleinen Augenblicks= beziehungen nicht ausgeschmolzen sind, daß mehr als bei andern Gedichten Goethes alles der Ahnung und Nach= empfindung überlassen bleibt, das bildet den besonderen Charakter, die Schwierigkeit, jedoch nicht minder den Reiz der „Harzreise". Diese bestimmte künstlerische Wirkung,[3])

---

1) Vgl. Schöll, a. a. O. 167 u. 67.

2) Die subjektive Einheitlichkeit ist schon aus den früheren Parallelen von Begebenheit und Dichtung hervorgegangen.

3) Gerade hinsichtlich der Komposition findet die „Harzreise" sehr verschiedenartige Auffassung. W. Hehn, G. Jb. 15, a. a. O. 120 vermißt „die ideale Läuterung, die nur ein freies künstlerisches Bilden gewähren kann; er erkennt nur die größte, „zusammenhanglose Mannigfaltigkeit", kurzum, nur „eine Improvisation".

die Eigentümlichkeit dieser nicht ganz geläuterten, aber frischen, energischen, unendlich bezeichnenden Konzentration,[1] wird von dem kommentierenden Dichter treffend in die wenigen Worte zusammengefaßt: „kurz, fragmentarisch, geheimnisvoll, im Sinn und Ton des ganzen Unternehmens";[2] sie wird in voller, anschaulicher Deutlichkeit auch nahe gebracht, wenn man die feinen und doch unzerreißbaren Fäden zu fassen sucht, welche die

---

Von fast entgegengesetztem Standpunkte geht B. Litzmann aus (a. a. O. 219—221). Er rückt die künstlerische Einheit und Planmäßigkeit in den Vordergrund. („planmäßig aufgebautes Kunstwerk" S. 218, „einheitlich aufgebautes Kunstwerk" S. 203), um daran weitere Kombinationen zu schließen. Indem er (vollständig) ausgesprochene Dreiteilung und zweimaligen Stilwechsel (V. 1—65, V. 66—80, V. 80—88) annimmt, kommt er zu dem Resultate, daß „der erste Teil ein vollkommen in sich abgeschlossenes, fertiges Gedicht" bildet, in vollster „Harmonie des Ganzen und aller seiner Teile", gipfelnd in der Strophe: «Aber den Einsamen hüll' in deine Goldwolken», während dann „etwas anorganisch jener Hymnus an Eros angefügt ward"

Die im Text vertretene, vorher gewonnene Ansicht stellt sich gewissermaßen als mittlerer Weg dar (Wechsel der Situationen und Stimmungen als Hauptcharakteristikon, erst in zweiter Linie durch die zeitliche Aufeinanderfolge der Erlebnisse und ihre Erfassung in jeweilig ganz bestimmter Disposition die besprochene Teilung und Gliederung von innen heraus).

Ähnlich heißt es in dem gleichfalls erst unlängst (1904) erschienenen 2. Bde. v. Bielschowsky. (a. a. O. 373): „So wächst das Lied in Absätzen fort in einzelnen Teilen niedergeschrieben"; indem es „bei der instinktiven Künstlerschaft Goethes" „trotzdem eine Einheit" erhält, „die nur durch die kleine Abschweifung auf die zur Jagd gezogenen Freunde gestört (?) wird." (Als typisches Beispiel für jene Entstehungsart Goethescher Gedichte angeführt, wo „ein Teil schon aufsproßt, dann still steht, bis erneute Anlässe kommen, die dann weiter treiben".)

1) V. Hehn, G. Jb. 15, 119. — 2) Komm., W. 41, 338.

Dichtung als Ganzes Zug für Zug mit der Realität des
Erlebten verbinden:

V. 1—5   Einsetzend mit dem nur leise angeschlagenen
Motive des frühen Aufbruchs zu einsamer Fahrt,

V. 6—18   umfaßt der Wanderer sinnenden Auges die großen
Gegensätze menschlichen Geschickes. Durch mehr-

(V. 6—34) fache Kontrastierungen nun schon nah und näher
gebracht, stellt sich das Bild des einsamen Un-

V. 29—42 glücklichen, den er besuchen will, in den Mittelpunkt seiner teilnehmenden Reflexionen, die sich

V. 42—50 allmählich verinnerlichen zu einem Gebete sanf-
testen Mitleidens. Von dem Einsamen sich

V. 51—59 lösend, wenden seine Gegenswünsche sich den
fernen Freunden zu, inmitten heiterer Jagd-
szenen unter ihnen weilend. Dann aber tritt

V. 60—65 die Persönlichkeit des Wanderers selbst in den
engern Kreis seiner Betrachtungen und Wünsche;
sinnend versenkt er sich in den Reiz der eigenen Einsamkeit —, so verschieden von dem Zustande qualvoller Verlassenheit, wie übermütig-
fröhlicher Geselligkeit; er erhebt sich zum Bewußtsein des eigenen, stillen, reichen Glückes,
welches in dem Genius seiner Liebe ihn um-

V. 66—76 schwebt, — dieser Liebe, die ihm jeden Moment
seiner winterlichen Fahrt zu lieblichem Genusse
verklärt, wie im Fluge ihn zum Ziele seines
höchsten Wunsches emportragend! Auf dem

V. 76—88 Brocken angelangt, im Anblick des herrlichsten
Naturschauspieles, nur noch wenige, aber innig-
machtvolle Töne ehrfurchtsvollen Aufstrebens,
symbolisch zusammengedrängt in einen einzigen
allgewaltigen Moment —, der Höhepunkt aller

Empfindungen, zugleich aber Verstummen des Gesanges! (wie auch die Fülle äußern und inneren Erlebens von diesem Augenblicke an zurückflutet). [1]

Im allgemeinen setzt zwar die Harzreise, wie erwähnt, mehr als andere Dichtungen ein Ausgehen von der biographisch gegebenen Situation voraus; dann aber erschließt sich „die Eigenheit der Verhältnisse, die Wesenheit des Zustandes, der Sinn des obwaltenden Gefühles" [2]: die ganze Bergfahrt wird unbewußt, wie traumhaft in die Phantasie des Lesers projiziert. [3] Das Spiel der Assoziationen, welche motivierend und unterstützend wachgerufen werden, wirkt indes stoßweise, sozusagen intermittierend.

---

1) Vgl., daß auch die Briefe an Frau von ·Stein mit der Brockenbesteigung aussetzen; der Brief vom 11. Dez. enthält nur die Erlebnisse des 10. Dez. in erweiterndem Nachtrage; von da bis zur Rückkehr (16. Dez.) nichts mehr!

2) Komm., W. 41, 328.

3) E. Lichtenberger, Étude sur les poésies lyriques de Goethe, P. 1882 S. 78 findet, daß durch die hier in der „Harzreise" auf die Spitze getriebene realistische Art die Ode in einzelnen Punkten ohne den Kommentar unverständlich sei, um hinzuzufügen: „Une ode qu'un commentaire doit suivre pas à pas ressemble à ces tableaux d'un âge naïf où une légende sort de la bouche des personnages pour expliquer leurs actes ou pour interpréter l'expression même de leur visage. C'est comme une symphonie dont les développements, les effets, les détails n'intéressent que l'auditeur qui suit sur un programme les intentions de l'artiste." Allerdings zieht L. ein solches Gedicht immer noch leeren Phantasiegebilden vor, übersieht aber vollständig den allgemein menschlichen Gehalt der Ode. Es liegt nahe, auf Goethes eigene Erklärung hinzuweisen:

„Gedichte sind gemalte Fensterscheiben

(W. 3, 71.)

Wenn der Wanderer zum fahlen, herbfrischen Morgen=
himmel aufjauchzt; wenn er hinwiederum in die Betrach=
tung abendlicher Öde sich verliert; wenn er zuletzt den
einzigen ruhenden Moment im Anblicke der mittäglichen
Schneegebirgswelt durchkostet, so lösen die kleinen andeu=
tenden Züge die ganze Szenerie aus, der Dichter zieht in
ein Mitschauen und Mitsinnen hinein. Anders aber bei
der eigentlichen epischen Fabel, welche in ihren wesentlichen
Bestandteilen erst gegen Schluß der Ode auftaucht (V.
66—82). Hier macht sich eine Veränderung in der Illusion
des Miterlebens, ein gewisser Stillstand fühlbar. In dem
Wechselspiel wirklicher und allegorischer Reflexe, die in
charakteristischer, fast typischer Zusammendrängung Einzel=
momente der Fahrt vorführen, ists, als ob der „Einsame"
sich dem Miterlebenlassen entziehe und in höheren Regionen
weile, von denen nur sein Bericht als von einem Ver=
gangenen Kunde gibt.¹) Also auch hier Verschiedenheit,
Übergänge („fliegende Streifen")!

Selbst bis in die äußere Form hinein, zunächst im
Tone ist jener Wechsel, je nach der Stimmung des Augen=
blickes, wahrnehmbar. Gehalten, schwer, dann stellenweise
fast düster, „entsprechend dem Bewußtsein der Gefahr und
dem Andenken des zerstörten Menschenlebens";²) zuletzt
aber eine ernste Erhabenheit, aus andachtsvoll milden
Accenten emporstrebend, — so werden die verschiedensten
Saiten angeschlagen. Ein bedeutender Teil dieser Wir=
kung ist auf die Eigentümlichkeit der verkörpernden
metrischen Elemente zurückzuführen. Die Verse fließen für
das Ohr in wunderbar mannigfachem Eindrucke dahin,

---

1) Vgl. B. Litzmann, a. a. O. 219.
2) V. Hehn, G. Jb. 15, 120.

indem sie jeder Nuance der Empfindungen folgen, die bald
leisere, bald stürmischere Bewegung mit feinster Kunst be=
zeichnen. Kaum ließe sich diese Wirkung geeigneter er=
fassen, als in ihrem Vergleiche mit dem wechselnden Tempo
einer musikalischen Komposition: gleich einem Largo setzen
die Klänge der Anfangsbetrachtung ein, um lieblich rein
sich zu ergießen in das Adagio des Gebetes; — und wie
aus einem Vivace zum Presto anwachsend im Emporstreben,
im Fortreißen zum Ziele, braust's dann gewaltig aus in
einem herrlichen Maestoso begeistertster Bewunderung.[1]
Dieser so intensive Klang der Empfindung, die so ganz
entsprechende Harmonie von Gedanken und Vers wird
ungesucht durch die Verwendung der freien Rhythmen er=
zielt.[2] Die Zeilen sind kurz, mit der nachgiebigsten Frei=

---

1) Fragmente aus der „Harzreise" wurden von Joh. Brahms kom=
poniert: „Rhapsodie aus Goethes ‹Harzreise im Winter› für eine
Altstimme, Männerchor u. Orchester, Op. 53, Berlin (N. Simrock).
Es sind die drei herrlichen Strophen, welche die Geschichte des ein=
samen Unglücklichen skizzieren (V. 29—50), in sich ein kleines Ganzes;
die Klänge des Gebetes, innig und machtvoll variiert, bilden hier
Höhepunkt und Abschluß.
(Ein Verzeichnis von Goethe=Kompositionen gibt Max Friedländer,
Goethes Gedichte in der Musik, G. Jb. 17, 177.)

2) „Kaum geregelte rhythmische Zeilen" (Komm. W. 41, 338).
Nur W. 66—81 mit Taktwechsel durchgehend trochäisch=daktylisch,
äußerst bezeichnend für den schnelleren Gedankengang. Die freien
Rhythmen, von Klopstock zuerst angewandt (Ode über die Genesung,
1754), von Lessing in den Literaturbriefen und von Herder in den
Fragmenten zur deutschen Literatur empfohlen (namentlich für solche
Gedichte, welche zur Komposition bestimmt sind), erhielten durch Goethe
ein eigenes Gepräge. Bei Klopstock mehr aus gedachten Prinzipien
hervorgehend, wurden sie bei Goethe „Produkt einer bewußtlos wir=
kenden künstlerischen Natur" und zu natürlich schönem Maße, voll=
endetem Wohllaute gebildet. Sie waren auch die einzige Form, in

heit im Silbenmaße wechselnd. Sie stellen Glieder des
Satzes dar und schweben so in eigenartigem Gleichgewichte
dahin, nur durch ein gewisses Abwägen der syntaktischen
Glieder gebunden. [1]) Auf diesem Prinzipe des Abwägens
beruht die Kombinationsmöglichkeit, die reiche modu-
lierende Ausdrucksfähigkeit jenes freisilbigen Versmaßes. [2])
Ein leichter Ansatz zur Strophenteilung, von dem kommentierenden Dichter sowohl in Bezeichnung und Zählung, als
in seinen fortlaufenden Citaten anerkannt, [3]) entspricht einer
maßvolleren Zusammenziehung dieser Form, durch welche
die Harzreise sich schon den Oden einer späteren Zeit nähert,
wo die freien Rhythmen sich mehr einem ruhigeren, regel-

---

der G. sich antiker Lyrik zu nähern wagte; über ein Jahrzehnt lang
blieben sie Ausdrucksmittel der Oden- und Hymnendichtung, finden
sich auch an bewegteren Stellen einzelner Dramen.

Lessing definiert die freien Rhythmen als „eine künstliche Prosa,
eine glückliche Versart“; Herder als „die natürlichste, ursprünglichste
Poesie“, — Hamann „als zum Feierkleide der lyrischen Dichtkunst am
angemessensten“.

Vgl. V. Hehn, Einiges über Goethes Vers, G. Jb. 6, 197 ff.,
Viehoff, Über die Prinzipien der freien Rhythmen mehrerer Gedichte
von Goethe, Herrigs Archiv 1, 127 ff., sowie F. Muncker, Fr. G.
Klopstock, 1900 S. 327 und R. Haym, Herder nach seinem Leben u.
seinen Werken 1885, 1, 143.

1) Vgl. ebd. Diese symmetrische Gliederung, fast mit der rhyth-
mischen Bewegung griechischer Chorlieder zu vergleichen, doch ohne
Wiederkehr desselben metrischen Schemas, ist dagegen nicht zu ver-
wechseln mit einem Parallelismus der Gedanken.

2) Zu erklären dadurch, daß die zu angemessener Deklamation
erforderliche Zeit mit Einbegriff der Pausen bei den einzelnen Satz-
gliedern durchgehend dieselbe ist. Vgl. Viehoff, a. a. O. 135.

3) Komm. W. 41, 334, 335.

mäßigen Schema einfügen und endlich ganz verschwinden.[1]) Die Hervorbringung charakteristischer Versschattierungen scheint verstärkt zu werden durch eine Anzahl alliterierender, fast lautmalender Erscheinungen: es ist, als ob innerhalb kleiner Versgruppen verschiedenartige Klangwellen ausgelöst würden, die dem Inhalte in ihrer Färbung entsprechen und in den reimlosen Gliederungen eine eigentümlich gesteigerte Bindung herstellen.[2]) So auffallend dieser Wohl-

---

1) Vgl. die Oden: An Behrisch, Wanderers Sturmlied, An Schwager Kronos, Mahomets Gesang, Prometheus — mit den späteren: Meine Göttin, Das Göttliche, Grenzen der Menschheit.

2) V. 1   Dem Geier gleich,
           Der auf schweren Morgenwolken
           Mit sanftem Fittich ruhend
           Nach Beute schaut
           Schwebe mein Lied.

V. 6—11 Gott   Glückliche — rasch   rennt. V. 12—18 — sträubt   Schranken   Schere. V. 19—23 Dickichts drängt — rauhe   Reichen — Sümpfe sich gesenkt. V. 24—28 folgen   Fortuna führt   Fürsten. V. 29—34 schlagen   Sträuche   steht   schlingt. — V. 35—42 heilet   Menschenhaß   heimlich. — V. 43—50 erquicke   umwölkten   Quellen   Wüste. — V. 51—56 Freuden   viel   überfließend   Fährte   fröhlicher. V. 60—65 Goldwolken   .   Wintergrün — Rose   heranreift. V. 66—72 Fackel   Furten   Gefilden   tausendfarbigen. V. 73—76 Sturm   Winterströme .. stürzen. — V. 77—81 Altar   Gipfel   schneebehangener Scheitel   Geisterreihen ahnende. — V. 82—88 Welt   Wolken   wässert. (Die phonetischen sch= Laute sind als alliterierend zu betrachten.)

Häufig gerade die sch= und w= Alliterationen, die etwas Getragenes und Weiches geben. In keiner der anderen Oden ist diese Erscheinung so ausgeprägt; am nächsten kommen „Mahomets Gesang" und „Gesang der Geister über den Wassern" (V. 2, 53—57). In

laut des Versgefüges ist, an ein bewußtes Kunstmittel ist nicht zu denken; es ist das ungesuchte Ergebnis einer erregten Stimmung.

Zu einer fast parallelen Beobachtung wie die rhythmische bietet die stilistische Eigenart der Sprache Anlaß. Einfache, fast noch realistische [1]) Stellen wechseln mit gehobenen, je nach den augenblicklichen Eindrücken. Reiche, schwungvollere Einkleidung zeigt unverkennbar der letzte Teil (V. 60—88) mit malenden Beiwörtern [2]) und periodischem Satzbau. [3]) Im ganzen aber bei aller Gedrängtheit schlichte Unmittelbarkeit der Satzgliederung, ohne schwierige Verschlingungen. [4])

Auch die dichterischen Ausdrucksmittel, die in der Harzreise den Stempel einer besonderen Frische und Ursprünglichkeit tragen, führen in Erklärung und Bewertung auf den allgemeinen Charakter der Dichtung zurück, indem sie zugleich manche Ausblicke für die lyrische

---

der Untersuchung v. W. Ebrard, Alliterierende Wortverbindungen bei Goethe, Nürnberg 1901 (S. 23) ist auf diese Oden nicht hingewiesen. Vgl. Muncker a. a. O. 327 über die Anwendung bei Klopstock.

1) Solchen Eindruck macht wohl der kühne Vergleich: „Mit den Sperlingen haben längst die Reichen In ihre Sümpfe sich gesenkt."

Der mit Knütteln bewaffnete Bauer wirkt auch im ganzen Rahmen etwas störend. Vgl. dasselbe Motiv gehobener eingekleidet in Ilmenau (W. 2, 142, V. 15—16):

„Der Landmann leichtem Sand den Samen anvertraut
Und seinen Kohl dem frechen Wilde baut."

2) Dämmernde Fackel — tausendfarbiger Morgen — beizender Sturm — schneebehangener Scheitel — geheimnisvoll offenbar.

3) W. 66—77.

4) Nur eine einzige auffallende Umstellung Vers 64—65:

„Die feuchten Haare,
O Liebe, Deines Dichters.

Technik Goethes überhaupt eröffnen. Landschafts= und Seelenstimmung, immer in wunderbarer Wechselbe= ziehung, — „immer die große Welt die kleine mit ihrer Stimmung durchschauernd":[1] so strömen hier in den ver= schiedenartigsten Wellen die Anschauungen der Wirklichkeit heran, lösen immer die entsprechenden Reflexionen oder Gleich= nisse aus, die deshalb ganz Kinder des jeweiligen Augen= blickes sind und von einer Stimmung zur andern tragen.[2] Der Anblick des Geiers, — des flüchtenden Wildes und der stillen Stadt in öder Winterlandschaft, — des Wan= derers, welcher im Gebüsch verschwindet und dessen Schritt verhallt, — endlich der großen, weiten Szenerie vom Brockengipfel aus, — jedes mit wenigen Strichen plastisch, stimmungsvoll hingezeichnet, — dies alles wird sogleich auch vom Sinnlichen ins Seelische übertragen, und zwar in natürlichster und darum mannigfaltiger Ausführung.[3] Eingangs=[4] und Schlußstimmung haben sich auf diese

---

1) Br. 3, 152 (1. Mai 1777).

2) Vgl. Litzmann a. a. O. 177.

3) Vgl. die ganz verschiedene Ausführung des Vogelbildes Faust I, Osterspaziergang. (W. 14, 56).

4) Vers 1—8. Vgl. dazu die prunkvolle Ausführung eines ähnlichen Bildes und Gedankens bei Platen:

Auf den Tod des Kaisers 1835:

„Ausbreite die tauschweren Flügel, o mein Gemüt,

Ernsteren Festlaut

Beginnend, schwebe der Seemöve, der unsteten gleich,

Die bald die blendende Schwungfeder hebt

Luftwärts und bald in das blaue Meer taucht:

So schweb, o Klaglied, schwebe daher in Holdseligkeit!"

(Dieses metrische Schema ist durchgeführt.) W. Hehn, G. Jb. 6, 197 ff. fügt hinzu: „Ob der Dichter am Schlusse seine Brust erleichtert, seine Seele befreit fühlte, oder nicht vielmehr durch den Selbstgenuß

Weise besonders anziehend und lebenswarm[1]) gestaltet, und der Übergang vom Einsamen in der Ode zum einsamen Menschenfeinde wirkt in der zwingenden Anschaulichkeit dort, wie in der intensiven innerlichen Erfassung hier, überaus ergreifend.[2])

Diese Vorgänge, deren Entfaltung im einzelnen versucht wurde,[3]) sind ein Ausfluß des innersten Wesens Goethescher Lyrik. Als Spiegelung des Individuellen aus der Wirklichkeit geboren, geht sie in den besonderen Situationen der Wanderfahrt gern von dem sinnlichen Eindrucke in seiner ganz bestimmten Form aus, der die Phantasie anregt, so daß schon dieser erste Akt die Farbe des Intimsten leiht; oder sie läßt, aus neuen Anlässen hervor, neue Reizungen in frühere Gedankengänge hineingleiten, — ablenkend, anknüpfend, weiterspinnend: nun überraschende Zwischenfäden, Nebenmotive! Alles aber, auch in der Weiterbildung, Steigerung und Kontrastierung, findet in dem real Geschauten seine Erklärung; es ist durch Umsetzung des einfachen Vorganges hervorgetrieben, und eins fließt aus dem anderen, eins führt in das andere hinüber.[4]) Eigenartig ist nicht minder, wie nicht nur sym-

---

des virtuosen Künstlers sich belohnt fand?" (S. 201.) Zugleich eine Illustration zu den Vorzügen der freien Rhythmen (S. o. S. 84), denn selbst für die schlichten Goetheschen Zeilen wäre strenge Wiederkehr kaum möglich gewesen, ohne der Unmittelbarkeit Eintrag zu tun.

1) Der „Geier" sonst meist in niederem Sinne verwertet, hier aus der Unmittelbarkeit des Augenblickes heraus in so frischem, durchaus edel wirkendem Bilde verwandt.

2) W. Hehn hat besondere Vorliebe für das Bild des Wanderers in der Ode (G. Jb. 15, 119 und „Gedanken über Goethe" S. 294).

3) S. o. S. 44 f.

4) D.W., W. 28, 149 f. schildert G. diese Disposition, „meine innere Natur nach ihren Eigenheiten gewähren, die äußere nach ihren

bolische Einklänge zwischen Erscheinung und Zustand her=
gestellt werden, sondern wie zuweilen auch das Tatsächliche
sich mit dem Geistigen mischt und ein Gesamtspiel solcher
Symbolik zugleich das Außere und Innere spiegelt. Die
kargen Reize der Gebirgsöde, die der Dichter durchwan=
dert, wie in einem Mosaikbilde vereint, sind unlösbar ver=
schmolzen mit bedeutsamen seelischen Erlebnissen, so daß
schwer zu enträtseln, wie weit das eine und wie weit das
andere wirkt und hervorschimmert.[1])

Überschaut man den ganzen Reichtum der personifika=
torischen Kraft des Dichters, welche in andeutenden Zügen
volle Naturbilder zum Leben zu wecken weiß (V. 34, 72,
75—76, 82—88); die Fülle der Vergleiche, in welche er
menschliche Schicksale und Verhältnisse kleidet (V. 9—11,
14—19, 22—23, 24—25, 36—38, 43—46, 47—50), so
zeigt sich, wie in der Harzreise seine Phantasie sich in
frappierender Mischung verschiedener Vorstellungskreise be=
wegt. An der Schwelle steht die Antike mit ihrem starren
Fatum, mit der Schere der Parze, dem Wagen Fortunas;
dann aber wird der „Vater der Liebe" angerufen,[2]) der

____

Eigenschaften auf mich einfließen zu lassen   alle Wesen, vom
menschlichen an, so tief hinab als sie nur faßlich sein möchten, jedes
in seiner Art auf mich wirken zu lassen. Dadurch entstand eine
wunderfame Verwandtschaft mit den einzelnen Gegenständen der
Natur, und ein inniges Anklingen, ein Mitstimmen ins Ganze, so
daß ein jeder Wechsel, es sei der Ortschaften und Gegenden, oder der
Tags= und Jahreszeiten, oder was sonst sich ereignen mochte, mich
aufs innigste berührte." — Vgl. auch R. M. Meyer, a. a. O. 148, 152.

    1) V. 60—76.

    2) Hier wohl biblisch, das zeigt schon die Fortführung des Ge=
dankens V. 51: „Damit machst du der Freuden viel" (Jes. 9, 3).
Vgl. V. Hehn, Goethe und die Sprache der Bibel, G. Jb. 8, 187 f.

„der Freuden viel schafft, jedem ein überfließend Maß“, und biblische „Psalter“ und „Quellen der Wüste“ gesellen sich dieser Vorstellung in naheliegender Verbindung bei. Der letzte Teil der Ode indes, der von neuen antiken („Goldwolken“, Kranz des Dichters) alsbald zu abermaligen biblischen Anklängen übergeht, („Psalmen“, „Altar des Dankes“, Herabschauen auf die „Reiche der Welt und ihre Herrlichkeit“),[1] wo selbst die Sage der nordischen Heimat ein Streiflicht wirft, ist trotz allem in die reinste, durch= sichtige Klarheit Goethescher Naturbeseelung getaucht, in einer harmonischen Verwebung, die als der entsprechendste Ausdruck erscheint.

Die Sicherheit, mit der hier die reine Form in die „Totalität des Zustandes“ fließt, die Natürlichkeit nament= lich, mit welcher begeisterte Andacht ihren Ausdruck findet, lockt zu wenigstens andeutungsweisem Vergleiche mit den Ergüssen ähnlicher Stimmung in den Oden Klopstocks. Auch hier waltet meist eine edle Wahrheit der Empfindung, aber selten Wirklichkeit des Erlebnisses: daher eher ein Schwelgen in hochgespannten Gefühlen als ein unbefange=

Anders aber „allliebender Vater“ (Ganymed, W. 2, 80) und „allgegen= wärtige Liebe“, (Pilgers Morgenlied, W. 5, 192). Zur literarischen Vermischung theistischen und pantheistischen Stiles vgl. Haym, a. a. O. II, 279, 296. (Goethe in seinem Spinoza=Verständnisse von Herder beeinflußt.)

[1] Anspielung an die Versuchungsgeschichte des Evangeliums, vgl. oben S. 69. Die Häufigkeit biblischer Anspielungen, die bei dem spätern Stile Goethes abnimmt, ist hier besonders erklärlich aus der weichen, glücklichen Stimmung der Reise, die sich in den Briefen, namentlich am 10. und 11. Dez., immer wieder in die altvertrauten biblischen Laute kleidet, so daß dort ganze Partieen psalmenartig an= muten.

nes Aufgehen in die Situation; daher oft eine abstrakte Erhabenheit, eine anschauungslose Unendlichkeit, die bald bis zum Übermaß aus biblisch=orientalischem Formelschatze schöpft, bald sich mit bewußter Durchführung an ver= schwundene Mythologieen anlehnt, [1] und nur zu leicht den Eindruck des Verstandesmäßigen und gewaltsam Gesuchten, ja des Fremdartigen, nicht verwischen kann. [2] Die bilder= schöpferische Tätigkeit Goethes indessen erwächst aus unbe= fangener Hingabe an die Natur und Gegenwart, und schöpft sie selbst aus entlegeneren Vorstellungskreisen, so

---

[1] Vgl. Hettner, III, 2, 115 ff., Muncker, a. a. O. 324, nament= lich für die Oden der spätern Periode.

[2] Bilder und Ausdrucksmittel ähnlicher Art und doch so ganz anders wirkend; u. a.:

Die Anrede des Sanges oder des versinnbildenden Instru= mentes, z. B. I, 35, 106, 114, 140, 166 2c. (Zu V. 1—5) „Psalter, singe dem Herrn, geuß Silbertöne   I, 114. (V. 43.) Psalmen der Gestirne 1, 155,   „Psalmengesang" „der Feier am Thron" I, 164, Psalmen der Christen I, 186, 175, Psalmen der himm= lischen Chöre I, 192 2c. (Zu V. 76—76.)   „Bekränzt mein Haar, o Blumen des Hains, die am Schattenbach des bardischen Quells Rossas Hand sorgsam zog" 2c. I, 182, ähnlich I, 189. (Zu V. 62—65.) Häufig „Wasser" und „Sturm", I, 157, 158, 166, 182, 200, 205 2c. (vgl. V. 73—76). Gerade durch diese Bildersprache der oben bezeich= nete Eindruck unerreichbarer Ferne; namentlich fällt auch die häufige, ermüdende Verwendung dieser selben Motive auf. Es liegt auf der Hand, daß die biblischen Klänge Goethes hier nicht etwa auf Kl. zurückführen; neben allen andern Gründen spräche schon die unge= suchte Natürlichkeit dagegen, — so fern von jener Art und Weise, die nicht selten die eigenen Empfindungen zu kommentieren liebt.

(Citate nach: F. G. Klopstocks Oden, hsg. v. P. Muncker und J. Pawel, 1889, 1. Bd.)

behalten die Gleichnisse doch ihre erschließende Kraft. Er ver=
steht es, die Phantasie in Mitschwingungen zu versetzen;
darin beruht die Wahrheit und die Wirkung, welche seiner
dichterischen Gestaltungskraft eigen ist.

VII.

Noch voller erſchließt ſich die Eigenart der „Harzreiſe“,
wenn man den Blick darauf richtet, wie in zeitlich naher
Folge und innerlicher Verbindung eine ganze Reihe ähn=
licher Dichtungen emporſprießt, — ein reizvoller Zweig
Goetheſcher Lyrik!

Es handelt ſich zunächſt um jenen kleinen Cyklus
von Oden (oder odenartigen Gedichten),¹) in denen das
Motiv der Reiſe und Fahrt erſcheint, das im Leben des
unermüdlichen „Wanderers“ ²) überhaupt ſo oft zum Leben
erwacht. Auch „Wanderers Sturmlied“ (1772), „An
Schwager Kronos“ (1774) und „Seefahrt“ (1776) ³)

---

1) In dem kleinen Bande ſeiner Lyrik (Göſchen, 1789, 8) ließ
G. jene zwei Gedichte „An Schwager Kronos“ — („Wanderers
Sturmlied“ erſchien erſt 1815) — und „Seefahrt“ unmittelbar auf
die Harzreiſe folgen. In dieſer Verbindung gingen ſie auch in ſpätere
Ausgaben über. Bezeichnend iſt überhaupt die Anordnung der Samm=
lung, wie ſie von dem Dichter getroffen wurde. Sie bildet gleichſam
ein abgeſchloſſenes Ganzes. Während die „Erſte Sammlung“ mehr
„eine Liebeskonfeſſion an epiſchem Faden“ darſtellt, iſt die „Zweite
Sammlung“ mehr der Betrachtung geweiht, aber auch hier Übergänge
beſtimmter Art, verbindende Stimmungen und Motive. Vgl. W.
Scherer, Über die Anordnung Goetheſcher Schriften, II. Die ver=
miſchten Gedichte 1789, G. Jb. 4, S. 51 ff., ſpeziell S. 73.

2) Vgl. D.W., W. 28, 118.

3) W. 2, 65—73.

sind wie die „Harzreise" unmittelbare Konfessionen;[1] auch sie sind wesentlich lyrische Selbstgespräche:[2] nach ihren feinsten Fasern in einer bedeutungsvollen Wirklichkeit wurzelnd, setzen sie das Empfindungsleben in eine besondere Art der Naturauffassung um. Aus der Perspektive des Wandernden gestalten sich die Eindrücke, jedesmal in besonderer Stimmung und Technik.[3]

Von hohem Interesse ist nun, wie die Ausführung in verschiedenen Phasen sich darstellt: wie das in „Wanderers Sturmlied" fast „träumerisch erfaßte Motiv" in jeder neuen Variation mit künstlerischer Herausarbeitung mehr und mehr sich in den Vordergrund schiebt; wie in „Schwager Kronos" schon „eine bestimmte Idee" die Improvisation „beherrscht";[4] wie in der „Seefahrt" das uralte Bild: „Das Leben eine Reise!" dem eigenen äußeren und inneren Leben entnommen, zur bewußt durchgeführten Allegorie sich gestaltet; wie in der „Harzreise" endlich das Lieblingsmotiv wieder ähnlich der früheren Verwertung („Wanderers Sturmlied", „An Schwager Kronos") ins Leben tritt, so daß zufällige äußere Bilder aufgefangen werden,[5] hier aber eine größere Geschlossenheit und deutlichere Struktur sich dennoch geltend macht. Alle aber sprudeln hervor aus dem frischen Quell des jeweiligen Erlebnisses.

---

1) Zum Erlebnis in diesen Oden zu vgl.: Br. 2, 16, D. W., W. 28, 119. — Br. 2, 182. — Br. 3, 36.

2) Vgl. W. Hehn, a. a. O. G. Jb. 15, 123, Schöll, a. a. O. 168, Litzmann, a. a. O. 149.

3) Man vgl. nur zum Bilde der „Seefahrt", Br. 2, 15. — Tasso V 5, W. 10, 244. — It. Reise, W. 30, 279. — W. 1, 66 und 77 (Meeresstille, Glückliche Fahrt).

4) und 5) W. Litzmann, a. a. O. 179, 185, 191, vgl. auch Lichtenberger, a. a. O. 72, 78 f.

Um aber allseitiger die dichterische Lebensauffassung zu erkennen, insofern sie einem bestimmten Stadium individueller Entwicklung entspricht, ist der Kreis ergänzend noch weiter zu öffnen, über den engern Cyklus der Wanderoden hinaus: der ganze Komplex Goethescher Odendichtung steht in charakteristischem Zusammenhange.[1]

Auch hier Ausschnitte seines höhern Seins, „Selbstanschauungen der ganzen Seele in ihren Leidenschaften und Wandlungen",[2] welche als Begleitakkorde wichtiger Lebensvorgänge, als Vor- und Nachklänge größerer poetischer Schöpfungen eine sozusagen typische Bedeutung besitzen: „Der Goethesche Genius erkennt sich selbst, nach seinem Wesen und Beruf, nach seiner höhern Bestimmung."[3]

---

1) 1772—82 entstanden, umspannen diese Oden einen ganzen Zeitraum bedeutsamer Wandlungen, — nicht ohne tiefern Grund!

2) Schöll, a. a. O. 167.

3) W. Heinzelmann, Goethes Odendichtung aus den Jahren 1772—82, Jbb. d. Kgl. Ak. d. g. Wiss. zu Erfurt, N. F., H. 24, 1898, S. 217 ff. Vgl. S. 221. — Heinzelmann hat vorwiegend den Gesichtspunkt „des Ideellen, Höheren, Typischen, Allgemeinen" im Auge (Vgl. dazu Komm. W. 41, 329 f. die schon berührte Stellungnahme Goethes zu solcher Auffassung). Von chronologischer Festlegung der einzelnen Oden ausgehend, setzt H. dann innerhalb des Rahmens mit scharfer Grenzscheidung zwei Hauptgruppen der Goetheschen „Geniusdichtung" (mit Einschnitt nach der „Harzreise"); innerhalb der ersten werden wieder vier Hauptpulse mit entsprechenden Höhe- und Tiefpunkten, innerhalb der zweiten eine ästhetische und eine ethische Untergruppe differenziert, auch graphisch veranschaulicht. Da die chronologische Voraussetzung schon nicht einwandfrei ist (u. a. „Ganymed" in das Frühjahr 1778 gezogen, während sonst nach inneren Gründen eher 1774 als Entstehungszeit anzusehen ist, vgl. v. Loeper 2, 328), so sind die speziellen Bestimmungsversuche vielfach bedenklich; vgl. die scharfen Kontrastierungen S. 227 ff., S. 248 f.

Chronologisch und inhaltlich (zwar ohne scharf um=
rissene Grenzen) dürften zwei Gruppen sich deutlicher ab=
heben, die einer fortschreitenden Metamorphose der Ideen
und Formen entsprechen.

Einer früheren, einer jugendlichen Gruppe (einschließ=
lich der zwei ersten Wanderoden) steht eine männlich ge=
reiftere gegenüber; jene mehr kühn, mehr aufregend, zu=
weilen selbst bizarr, — diese mehr zart, mehr besänftigend
und erhebend! Hier ein Hinausstreben; — dort ein Sich=
bescheiden!

Im allgemeinen geht innerhalb ein Zurücktreten der
epischen Fabel parallel, und statt unmittelbarer sinnfälliger
Anregungen, statt des stoßweisen Hineinziehens verschieden=
artiger mythologischer Beziehungen wird mehr und mehr
an einen mythischen Kernpunkt angeknüpft (mehr Ode des
Affekts als der Handlung).

Hier wie dort läßt sich verfolgen, wie gleichsam ein
lyrischer Urkeim allmählich zur Auswirkung gelangt.

In der ersten Gruppe[1] ist pindarsche Auffassung das
erregende Moment: „Innere Wärme, Seelenwärme, Mit=
telpunkt!“[2] Seitdem der griechische Dichter „wie eine
Göttererscheinung“ auf den jungen Goethe herabgestiegen,
seitdem der Schüler Herders sich für die Wahrheit und
Empfindung in Pindars tatenfreudigen Gesängen begeisterte,[3]

---

1) Vgl. außer „Wanderers Sturmlied“ und „An Schwager Kronos“
auch „Mahomets Gesang“, „Prometheus“, (Adler und Taube),
„Ganymed“. (W. 2, 53 u. 74 ff.).

2) W. 2, 69.

3) Vgl. Brief an Herder, Mitte Juli 1772 (Br. 2, 15 ff.): „Ich
wohne jetzt in Pindar   was Tätiges an mir ist, lebt auf, da ich
Adel fühle und Zweck kenne.“ Zum Studium Pindars in Frankfurt

ist das „ἐπικρατεῖν δύνασθαι“¹) der Pulsschlag dieser obenartigen Dichtungen, und in pindarscher Freiheit und Kühnheit braust es wieder und wieder aus dem einen Drange heraus: „Herr, mache mir Raum in meiner engen Brust!“²) Was an leidenschaftlicher Energie für alles ursprünglich Kraftvolle aufgerüttelt worden, das konzentriert sich hier in lyrisch-erhabener Prägnanz: ein genialer Lebensübermut, ein überschäumendes Unendlichkeitsgefühl, das ganze gesteigerte Ichbewußtsein, das alle Fesseln und Schranken sprengen möchte.

Anders aber in der spätern Gruppe!³) Unter der stärkern Entfaltung spinozistischer Anschauungen,⁴) die den Dichter mit „Beruhigung und Klarheit“ durchdringen, wie Friedensluft“ ihn anwehen,⁵) unter der zunehmenden Hingabe an die unendliche Fülle der Erscheinungen, woraus Lust und Liebe zur Vollkommenheit des Wirklichen ihm zuströmt,⁶) da ist's, als ob diese hymnenartigen Gesänge aus dem Keime der Ehrfurcht emporwüchsen, und eine

---

und Wetzlar zu vgl. Grimm a. a. O. 156, 202. Haym, a. a. O. 413. — W. 4, 315 („Pindars 5. Olympische Ode“).

1) Br. 2, 16. — 2) Br. 2, 17.

3) „Gesang der Geister über den Wassern“, „Meine Göttin“, „Das Göttliche“, „Grenzen der Menschheit“. (W. 2, 81—85.)

4) Auch die früheren Oden zeigen schon pantheistische Einschläge.

5) WW, W 29, 9 ff. das erste dunkle gefühlsmäßige Ergreifen Spinozas. Über den inneren Zusammenhang zwischen dichterischem Schauen und Schaffen und Spinoza-Auffassung, namentlich die eigentümliche Entsagungslehre (W. ebd. S. 10: „um partiellen Resignationen auszuweichen, sich ein- für allemal im Ganzen resignieren“) vgl. Bielschowsky, a. a. O. II 366 ff.

6) Vgl. F. Paulsen, Goethes ethische Anschauungen, G. Jb. 23, S. 12* ff. Auch der Einfluß des beginnenden Studiums der Natur ist zu vergleichen.

Folge von sinnlichen und übersinnlichen Problemen findet auf diesem neuen Lebensboden Abschluß und Vollendung. Hier wunderbare Gegenbilder, die strengere Bindung und gemessenere Formen zeigen: in intuitivem Schauen nach des Wortes eigenstem Sinne, in seligem Sichverlieren waltet die ruhige Erhabenheit vor; entschlossene Anerkennung der Grenzen des menschlichen Daseins bezeichnet eine Poesie, welche „mit ihren Idealen am Wirklichen ausdauert."[1]

Zwischen beide Cyklen aber schieben „Seefahrt" und „Harzreise" sich ein. Zeitlich wie innerlich sind sie einander nahe: auf sich glättenden Fluten nur noch die letzten, sich leise verziehenden Wellenkreise des „Sturmes und Dranges",[2] das große Ganze getragen von maßvolleren, sanfteren Gedanken und Empfindungen, von einer reinen Objektivität, die ruhig und ernst über den Dingen steht![3] und auch in der Form schon weisere Beschränkung![4] So ergibt sich, daß sowohl „Seefahrt"[5] als „Harzreise" zu den eigenartigen Übergangsgedichten zu zählen sind, welche in wenigen, aber unmittelbaren Reflexen die Wandlung des Dichterstiles selbst beleuchten, die schon ein Streben aus der

---

1) Vgl. Schöll, a. a. O. 168.

2) In der „Harzreise" vgl. die Verachtung bürgerlicher Behaglichkeit und feilen Fürstendienstes als Sturm- und Drangmotive; die nachklingende, allerdings schon objektivierte Wertherstimmung; Mischung der biblischen und antiken Bilder, besonders im ersten Teile; einzelne Ungleichheiten des Stiles.

3) Vgl. Scherer, 541.

4) Vgl., wie die in der 1. Str. leicht angeschlagene Ich-Erzählung gerade in den bewegteren (oder speziell in den subjektiveren) Partieen in das ruhige „Er" übergeht und in dieser Form der Dichter gleichsam sein Selbst beobachtet. Dazu kommt natürlich die schon besprochene allgemeine Eigenart der Form.

5) Vgl. W. Hehn, G. Jb. 15, S. 119 ff. (für die Seefahrt betont).

Inhaltsfülle der Genialitätsperiode zur antiken Hoheit und Gebundenheit bedeuten,[1] und gleich Vorahnungen, Vorklängen eines späteren Typus anmuten, namentlich in ihren Höhepunkten.

Wie in der Seefahrt, (die als Schlußakkord zu „Dichtung und Wahrheit"[2] einen besonderen Reiz in sich birgt) die Persönlichkeit des Dichters in ruhig stolzem Selbstvertrauen dasteht, voll und ganz die Verkörperung freudigen Aufstrebens zu neuen Idealen, — so steigt in der Harzreise aus all den auf= und abflutenden Empfindungen, aus den verschiedenartigen Elementen, ein Vorgefühl reiner, stiller Menschlichkeit empor: in dem Wiederschein gereifter sittlicher Sympathieen und ernster eigenster Selbstbildung[3] auf einem Hintergrunde scheinbar frei spielender Phantasiegebilde;[4] in der Entfaltung einer Naturauffassung, die sich auch jetzt noch als sympathisches Verschmelzen mit augenblicklichen Stimmungen charakterisiert, die aber maßvoller, stiller betrachtend, „mehr und mehr symbolisch auf sittliche Erscheinungen hinweist;"[5] — in dem Hineinspielen einer Stimmung eigenartig=seliger Andacht auf erreichtem Bergesgipfel, deren Wesen „eine Ehrfurcht vor dem Wirklichen",[6] ein „ätherischer Enthusiasmus der Hingebung" ist,[7] da „Subjekt und Objekt, Geist und Natur nicht bloß

---

1) Ebd. — 2) B. Litzmann, 187. — 3) Vgl. Schöll, 167.

4) Vgl. die Anteilnahme für Plessing in ihrer ruhigen Objektivität und Wärme, für den Herzog, wenn man will für den Landmann, — seine eigene Flucht in rauhe Winteröde.

5) Vgl. Scherer, a. a. O. 544.

6) R. M. Meyer, a. a. O. 129, 193, u. W. 19, 224.

7) Vgl. Scherer, 544; mit der richtigen Beschränkung: „soweit die bloße Stimmung weltflüchtiger Entsagung, eine Askese ohne dogmatischen Gehalt . . . auf pantheistischer Grundlage noch für religiös

in ſymboliſche Beziehung geſetzt, ſondern in eins wirken, ſich gegenſeitig durchdringend."[1]

Die Allgemeinheit taucht inmitten individuellſter Erfahrungen auf; die ganze Außenwelt weiſt mehr und mehr auf eine innere, und ſo nennt Scherer in tiefſter Erfaſſung des Weſens die Harzreiſe ein Gedicht, „worin alles Tatſächliche bis auf leiſe Andeutungen ſchwindet, um lediglich ethiſchen Motiven Platz zu machen."[2]

Eine anziehendere, urſprünglichere Bedeutung indes wird der Harzreiſe ſchwerlich beigelegt werden können, als es diejenige wohl iſt, welche ſie als einfaches, ſchlichtes Unmittelbarkeitsbild aus einem ringenden und ſtrebenden Dichterleben behält. Mit den innerſten Gemütszuſtänden der erſten Weimarer Jahre unlöslich verknüpft, konzentriert ſich hierin ihr Reiz und ihr Wert,[3] daß ſie momentaner, reiner Ausdruck einer Totalität der Seele iſt.[4] Denn aus der Vielfältigkeit der Töne klingt weich und traumhaft ein Grundmotiv, — leiſe präludierend angeſchlagen gleich im Eingange (Bild vom Geier hoch in den Lüften), dann lieblich variiert (hüllende Goldwolken der Einſamkeit), endlich gewaltig erhaben ausſtrömend (Blick aus der Klarheit des Gebirgsgipfels auf die weite, in Wolken verſchwimmende Welt) —: es iſt die völlige Stille, die reine Hingebung und die Beſeligung einer Einſamkeit inmitten friſcheſter, freieſter Natur, zugleich das ganze geläuterte Empfinden, das über

---

gelten darf." — Ebd. 537 zu vgl., ſowie K. Sell, Goethes Stellung zu Religion und Chriſtentum, 1899 S. 22 und Hehn, a. a. O. 277. Charakteriſtiſch beſonders in den Briefen vom 10. und 11. Dezember.

1) Vgl. A. Bieſe, Die äſthetiſche Naturanſchauung Goethes in ihren Vorbedingungen und Wandlungen, Prß. Jb. 60, 56.

2) Scherer, a. a. O. 544.

3) S. o. S. 5. — 4) Vgl. Hettner, 3, 198.

der einstigen Gärung, Verwirrung, Verdüsterung schwebt.¹)
Im Zusammenklingen jener beiden nie verstummenden
Saiten, Liebe und Natur,²) — und nur aus diesem Zu=
sammenklingen zu erlauschen! — steigt dieser Ton seliger
Resignation, hymnenartig=feierlich entfaltet, empor in den
Worten:

> „Aber den Einsamen hüll’
> In Deine Goldwolken!
> Umgib mit Wintergrün,
> Bis die Rose wieder heranreift,
> Die feuchten Haare,
> O Liebe, Deines Dichters!“

> „Und Altar des lieblichsten Danks
> Wird ihm des gefürchteten Gipfels
> Schneebehangener Scheitel“

Um seine unendlich bezeichnende Abtönung zu erfassen
genügt eine Erinnerung an zwei andere lyrische Moment=
bilder dieser Zeit, — (der Zeit der Entwicklung zur Ge=
lassenheit, zur harmonischen Selbstbestimmung) — mit all
ihren leisen Übergängen. In lauterster Seelenverwirk=
lichung³) eine innig ergreifende Geschichte auszitternd, wie

---

1) Vgl. die ähnliche Wanderstimmung in denselben Bildern
Br. 4, 68 (an Fr. v. St. 26. Sept. 1779, Emmendingen): „Unge=
trübt von einer beschränkten Leidenschaft treten nun in meine Seele
die Verhältnisse zu den Menschen, die bleibend sind; meine entfernten
Freunde und ihr Schicksal liegen nun vor mir wie ein Land, in
dessen Gegenden man von einem hohen Berge oder im Vogel=
fluge sieht.“

2) Vgl. an Fr. v. St. Br. 3, 166 (11. August 1777): „Daß ich
mich immer träumend an den Erscheinungen der Natur und an der
Liebe zu Ihnen weide, sehen Sie an Beikommendem.“

3) Vgl. Hettner 3, 198, Schöll, 165, Litzmann 27.

es dem Dichter in stiller Einsamkeit aus dem Innern
emporquoll, so stellen diese drei Bilder wieder unter sich
ein Ganzes dar:

„Der Du von dem Himmel bist,

Alles Leid und Schmerzen stillest,

Den, der doppelt elend ist,

Doppelt mit Erquickung füllest,

Ach, ich bin des Treibens müde!

Was soll all der Schmerz und Lust?

Süßer Friede,

Komm, ach komm in meine Brust!" [1)

(So im Februar 1776 am Hang des Ettersberges.)

„Aber den Einsamen hüll'

In Deine Goldwolken,

Umgib mit Wintergrün,

Bis die Rose wieder heraureift,

Die feuchten Haare,

O Liebe, Deines Dichters!"

(So jetzt, im Dezember 1777 auf dem Brocken.)

„Über allen Gipfeln

Ist Ruh',

In allen Wipfeln

Spürest Du

Kaum einen Hauch;

Die Vögelein schweigen im Walde.

Warte nur, balde

Ruhest Du auch!" [2)

(So endlich im September 1780 auf dem Gickelhahn
bei Ilmenau.)

---

1) Wanderers Nachtlied, W. 1, 98. — 2) Ein gleiches, W. 1, 98.

Wie könnte tiefes Sehnen inmitten qualvoller Unruhe, ahnungsvoller Aufblick zu neuem, stillem Glücke, der „Besitz unveräußerlichen Friedens im Wesensgrunde,"[1] — wie könnten all diese feinsten Schattierungen eines im Liede sich austönenden Leides und Glückes reiner veratmen!

Die führende Grundstimmung, welche in der „Harz=reise" so charakteristischen Ausdruck fand, welche rück= spiegelnd wiederum zeigt, was die winterliche Fahrt dem Menschen Goethe gewesen,[2] klingt auch fort nach der Heimkehr, und ein vergeistigtes Aufsteigen der Gefühle wird trotz gelegentlicher Kontraststimmungen,[3] gerade nach der Harzreise immer deutlicher.[4] Was hier in einem Augen=

---

1) Vgl. Schöll, 165. — 2) Vgl. über die Bedeutung der Reisen in dieser ersten Zeit in Weimar: Gervinus, 1873, 7, 615.

3) Ein merkwürdiger Niederschlag dieser Art ist das opernhafte Lustspiel „Triumph der Empfindsamkeit" (W. 17, 1—73), diese „neueste Tollheit" (Br. 3, 214), welche gerade in Verbindung mit den Erlebnissen der Harzreise, namentlich den Beziehungen zu Plessing, brieflichen und persönlichen, in ihrer Bedeutung als „harte, realistische Gegenwirkung gegen schale Sentimentalität", (W. 35, 6) recht ver= ständlich wird. Innere und äußere Gründe sprechen für einen Zu= sammenhang der Art, daß der literarisch nahe gebrachte Vorwurf (vgl. v. Biedermann, G.=Forschungen 1879, 1, 39) jetzt durch die selt= samen Erfahrungen individuelles Interesse und manche Farben gewinnt, (vgl. u. a. W 33, 225: „daß der Mensch den Wert einer klaren Wirklichkeit gegen ein trübes Phantom seiner düstern Einbildungs= kraft von sich ablehnt"), zugleich aber der Dichter mit dieser übermütigen Verspottung der Zeitstimmung, ja auch der eigenen Wertherperiode ein Störendes außer sich setzt. (H. Köpert, G.'s Triumph der Empfind= samkeit, 1871 S. 32 f. geht indes in Feststellung dieser Beziehungen mit merklicher Einseitigkeit vor.) Das im September konzipierte Stück wurde in den letzten Dezember= tagen wahrscheinlich vollendet. (Br. 3, 174 u. 203; Jb. 1, 47 u. 54.)

4) Vgl. Bielschowsky, a. a. O. I 339: „wichtiger Einschnitt in seiner Entwicklung". Briefe und Tagebuchaufzeichnungen geben deut=

blick lyrischer Erhebung, in den Briefen wie in der Dich=
tung, zum ersten Male in so bestimmter, prägnanter, ge=
schlossener Tonfülle hervorbrach, findet dann seine Steigerung,
Entfaltung, vollstes, alle Tiefen und Höhen umspannendes
Ausströmen in der Schweizerreise mit ihren herrlichen Er=
güssen (1779—80), [1] welche in ihrem Zwecke vielleicht auf
die Erfahrungen und Anregungen der Harzreise zurückzu=
führen ist und zu einer „viermonatlichen Welt= und Selbst=
schau" sich gestaltet. [2] Und endlich die verklärende Läuterung
und die tiefste Verinnerlichung all jener Stimmungselemente
auf der Reise nach Italien! [3]

---

lichen Anhalt, u. a.: „Still in meiner Hütte" (30. Dez. Br. 3,
204). — „Rein und ruhig hatte das alte Jahr zusammengepackt"
(1. Jan., Tb. 1, 59). — „In immer gleicher, fast zu reiner Stim=
mung. Schöne Aufklärungen über mich selbst und unsere Wirtschaft,
Stille und Vorahnung der Weisheit.   bestimmtes Gefühl der
Einschränkung und dadurch der wahren Ausbreitung." (Febr., Tb. 1,
61). — „Fortdauernde reine Entfremdung von den Menschen. Stille
und Bestimmtheit im Handeln. In mir viel fröhliche bunte Imagination."
(12. Febr., Tb. 1, 62). — „Selig, wer sich vor der Welt Ohne Haß
verschließt." (Br. an Fr. v. Stein 1, 125, — Bielschowsky, II, 375 setzt
diese Strophe des Liedes „An den Mond" direkt mit den von Plessing
empfangenen Eindrücken in Beziehung, sieht speziell in Pl.'s Besuch
v. 22. Febr. das neue treibende Motiv. Ein Kontrastreflex mag
hineinfallen). — „Gleichmut und Reinheit erhalten mir die Götter
aufs schönste." (Mai, Br. 3, 224). — „Wundersam Gefühl vom Ein=
tritt ins 30. Jahr. Und Veränderung mancher Gesichtspunkte. (Aug.,
Tb. 1, 64). — „Bei meinem Streben und Streiten und Bemühen
bitt ich euch nicht zu lachen, zuschauende Götter. Allenfalls lächeln
mögt ihr, und mir beistehen. (Juli 79, Tb. 1, 91). — „Möge die
Idee des Reinen .   immer lichter in mir werden!" (Aug. 79.
Tb. 1, 94). — S. o. S. 16.

    1) S. o. S. 12.

    2) Bielschowsky, 1, 357 (namentlich für den Herzog berechnet).

    3) Vgl. Camp. W. 33, 187: über „das Sehnsüchtige", das in
ihm lag.

— 105 —

Wie eine letzte Spur, wie ein verlorener Nachhall der
Winterfahrt erscheint eine Reflexion des greisen Dichters
über jene nun längst vergangenen Jahre! — Noch in dem
Wiederanklingen wehmütiger Erinnerung zeigt sich, was
jene Wanderungen und Reisen für ihn bedeutet haben.
Noch mehrere Male hat er den Harz mit seinen Tälern
und Höhen durchstreift. Er gedenkt eines letzten Besuches
und der Eindrücke desselben: — Am rauschenden Wasser,
von Granitfelsen eingeschlossen, reitet er dahin[1]) und sinnt
über den Unterschied des Einst und des Jetzt. Er ver=
gleicht gegenwärtige Eindrücke und Empfindungen mit
vergangenen, erwägt, wie der Anblick gleicher charakteri=
stischer Naturszenen mehr als irgend etwas anderes Ver=
anlassung bietet, über das eigene Selbst nachzudenken ...[2])
Wenn ihm auch jetzt der beobachtende „Blick des Forschers"
Ersatz für eine entschwindende Art früherer Naturauffassung
bietet, so ist es ihm doch „nicht ohne Schmerzen" gelungen,[3])
sich mit dieser Art der Anschauung zu bescheiden, und ver=
stohlen zittert die Sehnsucht nach jener Zeit hindurch, da
noch der „künstlerische Blick" Genuß wie Begeisterung in
ursprünglicher Frische bot, da er sich selbst „an den Gegen=
ständen empfand," da er „Freud und Leid, Heiterkeit und
Verwirrung"[4]), sein ganzes Selbst auf sie übertrug.... —
ein letzter Nachhall jener unbefangen glücklichen Wander=
stimmung!

---

1) Vgl. Tages= u. Jahreshefte, W. 35, 244. — 2) ebd. —3) ebd.
4) Ebd. — Vgl. Br. 8, 100 (22. Dez. 1789). Die Tages=
und Jahreshefte, zwischen 1820—25 entstanden (Hemp. 27, XI,
v. Biedermann), behandeln in diesem Abschnitte die Reise nach Helm=
städt (1805), und zwar den Ritt durch das Bodetal. Goethe kam
zwar 1777 nicht hier vorüber, aber bei der Allgemeinheit der ange=
stellten Betrachtung darf diese ebensowohl auf die erste als auf die
zweite und dritte Harzreise (1783, 1784) bezogen werden.

Abkürzungen:

W.   1. Abteilung der Weimarer Goethe=Ausgabe (poetische,
          biographische und kunsthistorische Schriften).
N. S.   2. Abteilung der Weimarer Ausgabe, naturwissen=
          schaftliche Schriften.
Tb.   3. Abteilung der Weimarer Ausgabe, Tagebücher.
Br.   4. Abteilung der Weimarer Ausgabe, Briefe.
Hemp.   Hempelsche Goetheausgabe.
D. W.   Dichtung und Wahrheit.
G. Jb.   Goethe=Jahrbuch.